APRENDER

LINUX

LINUX PARA PRINCIPIANTES

Andy Vickler

Índice

Introducción

Linux es un sistema operativo como Windows, Mac OS e iOS, pero comparado con Windows o iOS, Linux es muy ligero y muy flexible. Hoy en día, Linux se puede encontrar en todas partes, desde teléfonos inteligentes a electrodomésticos, coches a superordenadores, ordenadores personales a servidores empresariales. En este libro, comprenderá todo lo que hay que aprender sobre Linux y por qué se ha convertido en el sistema operativo preferido por todos, desde estudiantes hasta empresas y negocios.

Linux es la creación de Linus Torvalds, un estudiante de informática que quería crear un sistema operativo que fuera gratuito, fácil de usar y capaz de satisfacer las necesidades de todos los individuos del mundo. Linux Torvalds era usuario del sistema operativo UNIX y comprendió rápidamente que podía mejorarse para hacer la vida más fácil a todo el mundo. Propuso sus cambios a los desarrolladores de UNIX, que lo rechazaron. Fue entonces cuando Torvalds decidió desarrollar su propia versión del sistema operativo UNIX y llamarlo Linux. Quería crear un sistema operativo que recogiera las opiniones de sus usuarios e implantara modificaciones para facilitar la vida a todos los usuarios. Colaboró con estudiantes de programación del MIT (Massachusetts Institute of Technology) y, hacia 1991, lanzó una versión funcional del sistema operativo Linux.

Existe la idea errónea de que Linux es un sistema operativo muy técnico, y los nuevos usuarios suelen rehuirlo. Pero el hecho es que en los últimos años, los sistemas operativos Linux se han vuelto más fáciles de usar en comparación con sus homólogos, como Windows, MAC, etc. Hoy en día existen miles de distribuciones de Linux que se pueden personalizar según las necesidades del usuario y que incorporan aún más software para facilitar todas las tareas del usuario.

Esto es Linux, un sistema operativo que te hace la vida más fácil. Y este libro te ayudará a hacer la transición al mundo de Linux cómodamente; abriéndote un nuevo mundo de posibilidades informáticas a medida que progresas.

Capítulo 1

Introducción a Linux

Historia de Linux

Al principio, un ordenador era tan grande como un coche o una casa. Naturalmente, manejar un ordenador era una tarea muy complicada. Cada ordenador tenía su propio sistema operativo, lo que dificultaba aún más su manejo. Cada sistema operativo tendría un propósito específico que funcionaría en un ordenador concreto y no podría utilizarse en otro.

En 1969, un grupo de desarrolladores de los Laboratorios Bell decide desarrollar un sistema operativo común que funcione en todos los ordenadores. Llamaron a este sistema operativo 'Unix'. Tenía un código reciclable que hoy se conoce popularmente como 'kernel' y que podía utilizarse con cualquier ordenador. Este código también era de naturaleza abierta.

Con el paso de los años, empresas como IBM y HP empezaron a desarrollar sus versiones de Unix en la década de 1980. Sin embargo, las múltiples variantes de Unix no ganaron mucha popularidad.

En 1991, un estudiante llamado Linus Torvalds de la Universidad de Helsinki (Finlandia) imaginó una versión académica de Unix y empezó a escribir su código. Desarrolló una variante del sistema operativo Unix que hoy se conoce como núcleo Linux. Empezó este proyecto por diversión, pero poco sabía que estaba dando al mundo una de las herramientas más poderosas que se utilizarían para siempre.

¿Qué es Linux?

Linux es un potente sistema operativo, al igual que Windows, Mac OS e iOS. Le sorprendería saber que el sistema operativo móvil más popular, Android, también funciona con Linux. Un sistema operativo gestiona el hardware de cualquier dispositivo informático, como un portátil, un ordenador de sobremesa, un smartphone, una tableta, etc. En palabras sencillas, un sistema operativo gestiona toda la comunicación entre otros programas y el hardware de un sistema. Cualquier software dejaría de funcionar en ausencia de un sistema operativo.

Numerosas piezas componen el sistema operativo Linux. Veámoslas una a una.

Cargador de arranque

El gestor de arranque es un módulo que gestiona el proceso de arranque de un ordenador. Es posible que ya te lo hayas encontrado sin saber mucho sobre él. Suele ser la pantalla que aparece durante unos segundos y luego desaparece al encender el ordenador.

Núcleo

El núcleo es la unidad fundamental de un sistema operativo que controla la Unidad Central de Procesamiento (CPU), la memoria y otros dispositivos del ordenador.

Sistema Init

Es una sección del sistema operativo Linux que controla los demonios. El sistema init más popular hoy en día es *systemd*. El demonio systemd gestiona el proceso de arranque después de que el gestor de arranque le ceda el control.

Daemons

Algunos servicios en segundo plano se inician durante el proceso de arranque en Linux. Se denominan demonios y comprenden servicios como sonido, impresión, programación, etc.

Servidor gráfico

El subsistema Linux responsable de mostrar la interfaz de usuario en el monitor se conoce como servidor gráfico. También se le conoce como servidor X o simplemente X.

Entorno de escritorio

La sección del sistema operativo Linux con la que interactúan los usuarios se conoce como entorno de escritorio. Linux ofrece una variedad de entornos de escritorio, y cada entorno viene con un conjunto de aplicaciones que un usuario comúnmente necesitaría para empezar con el sistema operativo, tales como herramientas de configuración, administradores de archivos, juegos, navegadores web y más.

Aplicaciones

Un usuario no encontrará por defecto todas las aplicaciones que necesita en el entorno de escritorio. Linux tiene una enorme lista de aplicaciones que se pueden instalar manualmente. Las versiones modernas de Linux también tienen algo parecido a una tienda de aplicaciones donde se puede descargar e instalar fácilmente una aplicación.

¿Por qué utilizar Linux?

Casi todos los nuevos usuarios se hacen esta pregunta. ¿Por qué utilizar Linux cuando existen otros sistemas operativos como Windows y Mac OS? ¿Qué necesidad hay de aprender sobre la arquitectura de un sistema operativo completamente nuevo cuando el sistema operativo por defecto que viene con su ordenador portátil o de sobremesa hace el trabajo?

Nos gustaría responder a esta pregunta planteándote otra. ¿Funciona bien el sistema operativo por defecto que viene con tu ordenador, o te enfrentas a problemas como virus, malware, velocidad lenta, etc.? Además, ¿recibes el sistema operativo por defecto de forma gratuita, o tienes que pagar por su licencia? Si te enfrentas a estos retos, Linux es la solución perfecta para ti. Es un sistema operativo de coste cero para cualquier ordenador y es muy fiable. Sí, es completamente gratuito. Puedes instalar Linux en cualquier número de ordenadores sin tener que desembolsar ni un solo dólar.

Si un sistema operativo gratuito no es suficiente para conquistarte, ¿qué tal un sistema operativo que funcione sin problemas para siempre? Durante más de una década, he utilizado Linux para uso personal y como sistema servidor sin un solo problema de malware, ransomware o virus. Linux no es muy vulnerable a estos ataques. Los servidores que utilizan sistemas operativos Linux sólo necesitan un arranque cuando se actualiza el software, y pueden estar sin reiniciarse durante años sin causar ningún problema de rendimiento.

Código abierto

Antes hemos mencionado la palabra *"código abierto"*. ¿Qué significa exactamente "código abierto"? Open-source hace referencia a los siguientes aspectos.

- Puede utilizar el programa para cualquier cosa

- Puede estudiar el programa y tener la libertad de modificarlo para adaptarlo a sus necesidades.

- Puede redistribuir el software a cualquier número de personas

- Puede redistribuir la versión personalizada de su software a cualquier número de personas

Estos puntos te ayudarán a entender la comunidad Linux que trabaja unida para mantener la plataforma Linux. En otras palabras, Linux es un sistema operativo del pueblo y para el pueblo. Esta es también una de las razones por las que la mayoría de los usuarios del mundo prefieren Linux.

Distribuciones Linux

Dada su naturaleza de código abierto, hoy en día existen múltiples distribuciones de Linux para satisfacer todo tipo de necesidades de los usuarios. Linux se ha asegurado de que exista una categoría de su sistema operativo para contentar a todo el mundo.

Hablaremos de las diez distribuciones de Linux más populares.

Debian

Debian es conocida como la distribución madre de otras distribuciones populares como Ubuntu, Deepin, Mint, etc. Debian 10 es la última gran versión de la distribución Debian conocida como Debian Buster. Es conocida por proporcionar estabilidad, rendimiento y una experiencia de usuario increíble.

La distribución Debian incluye más de 59.000 paquetes de software y es compatible con casi todo tipo de arquitecturas informáticas. Los usuarios adoran la distribución Debian por el equilibrio que mantiene entre tecnología y estabilidad. Existen tres ramas de la distribución Debian: estable, en pruebas e inestable.

Como su nombre indica, la versión estable es la que se pone a disposición del público y es aceptada por los usuarios; pero no viene con todas las aplicaciones más recientes. Es perfecta para usuarios que quieren un sistema operativo estable y pueden instalar las demás aplicaciones por sí mismos más tarde. Idealmente, Debian estable es lo que usted querría para su ordenador.

Debian Testing es una versión que se publica a intervalos más cortos y contiene el software más reciente que no se pasa a la versión estable. La versión de pruebas, como su nombre indica, se usa para probar el nuevo software, de forma que si se detectan vulnerabilidades, puedan parchearse antes de pasar a la versión estable.

La versión inestable de Debian es la base de desarrollo del sistema Debian. Es experimental y se considera un patio de recreo para los desarrolladores de Debian.

Gentoo

Gentoo es una distribución Linux diseñada para usuarios profesionales como desarrolladores, administradores de sistemas y administradores de redes. No es una distribución ideal para principiantes. Se recomienda para usuarios que ya estén familiarizados con Linux y quieran profundizar en el sistema operativo Linux.

Gentoo tiene un gestor de paquetes conocido como *portage,* que también es utilizado por algunas otras distribuciones de Linux.

Ubuntu

Ubuntu es una de las distribuciones de Linux más populares y disfrutada por principiantes de todo el mundo. Ubuntu se diseñó para usuarios que quieren pasar de Windows o Mac OS a Linux. Ubuntu cuenta por defecto con un entorno de escritorio llamado GNOME que incluye aplicaciones de uso cotidiano como navegadores web, herramientas ofimáticas, editores de imágenes, reproductores multimedia y mucho más.

Ubuntu es la base de muchas otras distribuciones de Linux, como Lubuntu, Kubuntu y Linux Mint.

Es la distribución de Linux preferida por los nuevos usuarios gracias a su interfaz fácil de usar. Los usuarios pueden empezar a utilizar fácilmente las aplicaciones predeterminadas y empezar a entender Linux desde el primer día.

Linux Mint

La distribución Linux Mint está basada en Ubuntu y es una distribución impulsada por la comunidad. Viene con una interfaz muy fácil de usar y elegante y es amada por principiantes y profesionales. Min es una distribución Linux muy estable y potente.

Hay tres variantes disponibles para la distribución Linux Mint.

1. Canela

2. XFCE

3. MATE

Tenga en cuenta que Linux Mint ya no es compatible con sistemas de 32 bits y sólo puede instalarse en sistemas de 64 bits.

Si quieres un sistema operativo estable para las tareas cotidianas, puedes considerar Linux Mint junto con tus otras opciones.

Además, Mint recibe actualizaciones constantes de la comunidad Linux.

Red Hat Enterprise Linux

Conocido abreviadamente como RHEL, Red hat Enterprise Linux es una distribución que satisface las necesidades comerciales. Red Hat Enterprise Linux es una opción popular para la configuración de servidores debido a su estabilidad y actualizaciones periódicas que lo convierten en un sistema operativo muy seguro.

Puede instalarse en servidores físicos y virtuales y también en la nube. Red Hat ha alcanzado la perfección con la tecnología de contenedorización.

Red Hat también organiza cursos de formación y certificación. Los dos cursos más populares son RHCSA (Red Hat Certified System Administrators) y RHCE (Red Hat Certified Engineer).

Si está buscando configurar un servidor con seguridad, eficiencia y estabilidad, debería elegir ciegamente Red Hat Enterprise Linux. RHEL ha estado utilizando *yum* como su gestor de paquetes, pero con su último lanzamiento Red Hat Enterprise Linux 8, ahora tiene *DNF* como su gestor de paquetes.

CentOS

La distribución CentOS Linux es un proyecto impulsado por la comunidad y proporciona un sistema operativo fiable y robusto. CentOS se basa en Red Hat Enterprise Linux y es una alternativa perfecta, ya que se puede descargar e instalar gratuitamente. Tiene las mismas características que Red Hat Enterprise Linux y también dispone de actualizaciones de seguridad gratuitas.

Fedora

Fedora es una distribución de Linux sencilla y fácil de usar, muy popular entre los nuevos usuarios. Es una distribución versátil que funciona con portátiles, ordenadores de sobremesa, servidores e incluso dispositivos IoT. Al igual que CentOS, Fedora también se basa en Red Hat Enterprise Linux. También se utiliza como entorno de pruebas para Red Hat Enterprise Linux antes de desplegar la versión Enterprise de RHEL. Se utiliza principalmente con fines de investigación y es el favorito de estudiantes y desarrolladores.

Fedora también utiliza el gestor de paquetes *DNF*.

Kali Linux

Kali Linux es una distribución de Linux centrada en la seguridad. Ha sido desarrollada por una organización llamada Offensive Security. El sistema operativo está diseñado para estudiantes que aspiran a introducirse en el análisis forense digital y las pruebas de penetración. Los profesionales lo utilizan con el mismo fin, para revisar la seguridad digital de empresas y negocios. Kali Linux viene precargado con todas las herramientas de prueba necesarias, como Nmap, Metasploit, etc.

Kali Linux es el sistema operativo Linux para profesionales de la ciberseguridad o estudiantes que quieren hacer carrera en ciberseguridad. Kali Linux también ofrece cursos de certificación como Penetration Testing with Kali y Kali Linux Certified Professional.

Kali Linux utiliza el gestor de paquetes *APT*.

Arch Linux

La distribución Arch Linux es una distribución friki y ligera diseñada para usuarios avanzados y expertos que no se preocupan por el software y los servicios que se ejecutan por defecto en el sistema operativo. Ofrece al usuario un montón de opciones para jugar con las configuraciones y personalizar el sistema operativo según sus preferencias. Arch se diseñó para usuarios veteranos de Linux que conocen los entresijos del sistema operativo.

Arch Linux sigue un sistema de rolling release y recibe actualizaciones periódicas. Esto significa que puede instalar cualquier versión y actualizarla inmediatamente a la última. El gestor de paquetes de Arch Linux se conoce como *Pacman*.

OpenSUSE

OpenSUSE es una distribución moderna desarrollada y mantenida por una comunidad Linux muy completa. Cuenta con dos ramas, SUSE Leap y SUSE Tumbleweed.

SUSE Leap ha sido diseñado para usuarios de escritorio. También es una buena opción para pruebas y desarrollo empresarial. Es popular entre los desarrolladores de código abierto y los administradores de sistemas.

SUSE Tumbleweed es una versión renovable que incluye todas las pilas de software y entornos de desarrollo integrados (IDE) más recientes y es una distribución brillante. Es una muy buena opción para un desarrollador o un usuario avanzado, dado que cuenta con todas las herramientas de desarrollo actualizadas.

El gestor de paquetes de OpenSUSE se conoce como *Yast*.

Éstas son sólo las distribuciones de Linux más comunes y populares, y no existe una lista exhaustiva como tal. Hay más de 600 distribuciones de Linux en el mercado y más de 500 en desarrollo.

Linux vs. Windows vs. Mac

Una empresa invierte mucho dinero para garantizar la seguridad de sus sistemas. Las soluciones de ciberseguridad incluyen aplicaciones de seguridad específicas para cortafuegos, gestión de identidades, etc. En cuanto a los sistemas operativos, se instalan programas antimalware y antivirus en todos los sistemas, pero gran parte de la seguridad de un sistema depende de las características del propio sistema operativo. ¿Es más seguro un sistema Windows o un sistema Mac? En esta sección, compararemos los tres principales sistemas operativos - Windows, Linux y Mac - desde el punto de vista de la ciberseguridad.

Windows

En nuestra opinión, Windows no se considera menos seguro que Mac o Linux porque tenga unos estándares de seguridad bajos o porque Microsoft no se esfuerce lo suficiente en su seguridad, sino porque se utiliza a gran escala en las organizaciones. El número de usuarios de Windows es masivo, por lo que los atacantes se centran sobre todo en los sistemas operativos Windows. Teniendo en cuenta este hecho, cada día se desarrolla nuevo malware para atacar los sistemas Windows. Técnicamente hablando, Windows es tan seguro como otros sistemas operativos. Además, el equipo de seguridad de Microsoft despliega parches de seguridad para Windows casi todas las semanas. Aunque parezca mentira, Windows tiene la mayor base de datos de malware y firmas de virus. A pesar de ello, los atacantes han sido persistentes a la hora de explotar cualquier vulnerabilidad no parcheada que se descubra en el sistema, aunque sea por poco tiempo. Dicho esto, el sistema operativo Windows no viene de fábrica con ningún problema que le haga elegir otros sistemas operativos en lugar de él. Lo que ocurre es que los atacantes se centran en los sistemas Windows en lugar de Linux o macOS porque tienen más posibilidades de éxito en los sistemas Windows.

En los últimos años, Microsoft se ha vuelto muy proactiva en el desarrollo y despliegue de parches para los sistemas Windows con regularidad. Windows viene con un software antimalware precargado capaz de detectar todo tipo de malware y firmas de virus.

Windows también mantiene un entorno sandbox para su almacén que protege el sistema de malware y virus que otras soluciones de seguridad podrían pasar por alto. Windows también utiliza un mecanismo hash para comprobar si se ha manipulado algún dato del sistema. El proceso hash tiene lugar cuando se instala y ejecuta una aplicación por primera vez.

macOS

macOS es conocido por ser un sistema operativo seguro por defecto. Pero esto solo implica que no tiene múltiples servicios de red ejecutándose justo después de la instalación que pueden ser explotados por atacantes. Apple ha integrado el chip de seguridad T2 en todos sus dispositivos más recientes, lo que hace que macOS sea más seguro que los dispositivos más antiguos. El chip T2 de Apple tiene el coprocesador Secure Enclave, que implementa la seguridad FileVault, el arranque seguro, Touch ID y el cifrado de almacenamiento. El chip T2 tampoco permite que el software libre o de código abierto se ejecute por defecto en macOS. Las implementaciones de seguridad en macOS giran principalmente en torno al proceso de arranque, las operaciones en tiempo real del sistema operativo y las actualizaciones de software.

Los sistemas macOS también se enfrentan a menos problemas relacionados con virus que los sistemas Windows, pero esto no significa que los sistemas macOS estén completamente a salvo de malware. También se encuentran vulnerabilidades en macOS de vez en cuando. La popularidad de los sistemas Windows que se conectan a Internet es mucho mayor en comparación con los sistemas Mac o Linux. Como resultado, naturalmente, el número de ataques a sistemas Windows es mayor, pero en los últimos años, MacOS ha ido ganando cuota de mercado, y los atacantes han empezado a fijarse también en el sistema operativo de Apple.

Apple también cuenta con otra función de seguridad llamada System Integrity Protection (SIP), introducida tras el lanzamiento de su sistema operativo en 2015. Incluye implementaciones de seguridad aplicadas directamente por el núcleo. Este proceso protege contra los cambios que un proceso puede forzar en el sistema.

Linux

A diferencia de Windows y macOS, el sistema operativo Linux es completamente de código abierto. Esto significa que millones de personas en el mundo están jugando con el código de Linux todos los días. La comunidad Linux busca constantemente cualquier vulnerabilidad en el sistema operativo y las parchea lo antes posible. Obviamente, cuanta más gente revise el código, más seguro será el sistema operativo. Por el contrario, si tienes un pequeño equipo revisando el código de los sistemas operativos, como en el caso de Windows y macOS, es natural que haya problemas, y el número de vulnerabilidades también será mayor.

Es una creencia popular que Linux es mucho más seguro en comparación con Windows o macOS, y esto se debe a que Linux ofrece múltiples opciones para ejecutar cualquier proceso en un entorno de caja de arena antes de que pueda ser ejecutado en un entorno en vivo. Linux también tiene numerosos aspectos de seguridad que van de la mano. Antes incluso de implementar la seguridad mediante cortafuegos, Linux resuelve el 99% de los problemas de seguridad simplemente implementando permisos.

Por ejemplo, hablemos de Fedora, una popular distribución de Linux. Fedora tiene una característica por defecto llamada Security-Enhanced Linux, también conocida como SELinux. SELinux aplica políticas de seguridad, controles de acceso y muchas más características de seguridad de forma automática. Fedora también tiene una característica de compilador llamada Position-Independent Executable (PIE) que crea una envoltura de endurecimiento alrededor de todos sus procesos. Este proceso también se conoce como endurecimiento de seguridad.

Contrariamente a la creencia popular, las vulnerabilidades de Linux pueden descubrirse y parchearse al instante debido a su naturaleza de código abierto, pero Linux carece de medidas de seguridad adicionales como sandboxing y hashing. La mayoría de la gente en el mundo no confía en el sistema operativo Linux porque es de código abierto, gratuito y tiene un soporte de seguridad limitado. Muchas empresas creen que como la gente puede jugar con el código fuente abierto, no es seguro, pero esta lógica es incorrecta. Hoy en día, la mayoría de los servidores web del mundo funcionan con el sistema operativo Linux porque es mucho más seguro frente a los ataques.

¿Qué podemos deducir de esta comparación?

Más del 75% de los ordenadores de sobremesa utilizan versiones del sistema operativo Windows en todo el mundo, mientras que la cuota de mercado de Apple ronda el 10%. En cuanto al código y las funciones, Windows y macOS son sistemas operativos muy diferentes. Las últimas versiones de Windows utilizan el núcleo Windows NT, mientras que macOS utiliza el núcleo UNIX.

Si hablamos de vulnerabilidades en Windows, Linux o Mac, o cualquier otro sistema operativo, todos son muy similares. Desarrollar un sistema operativo es una tarea muy compleja, y todos ellos encontrarán problemas de seguridad similares. Se puede decir que un sistema Mac no es necesariamente más seguro que un sistema Windows. El punto en el que hay que centrarse aquí es cuál es el objetivo del atacante. Supongamos que los atacantes quieren atacar al mayor número posible de personas en todo el mundo. En ese caso, no les interesarán sistemas operativos como Linux o macOS, que tienen una base de usuarios más reducida.

macOS no tiene nada, en particular, que lo haga menos seguro. Lo que diferencia a Windows, Linux y macOS es que el malware que se carga en cualquiera de ellos debe codificarse en un formato distinto antes de instalarse. En este caso, una talla no sirve para todos.

Es muy sencillo. Los atacantes se dirigen a los sistemas operativos que tienen la mayor base de usuarios. Naturalmente, la mayor parte del malware presente en el mundo actual está desarrollado para sistemas Windows. Esto significa que si un usuario de Mac o Linux recibe malware en un correo electrónico destinado a usuarios de Windows y hace clic en él, ni siquiera se iniciará, ya que el código del malware no es reconocido por macOS o Linux. Esto no significa que no exista malware para macOS o Linux, pero es muy raro. La conclusión es que los sistemas MacOS y Linux son más seguros que los sistemas Windows, pero no por las razones que todo el mundo cree.

Además, los atacantes rehúyen los sistemas Linux porque su base de usuarios es muy reducida. Tiene menos del 5% de la cuota de mercado en el mercado de sistemas operativos. Linux tampoco da acceso de administrador a sus usuarios por defecto, protegiendo así el daño que pueden hacer los usuarios por ingenuidad. Además, Linux cuenta con una enorme comunidad que trabaja para descubrir vulnerabilidades todos los días, lo que permite parchear rápidamente el sistema operativo.

Cada sistema operativo tiene sus pros y sus contras. Depende de cada persona u organización elegir el sistema operativo que mejor se adapte a sus necesidades.

Capítulo 2

Ubuntu

Hemos hablado de las distintas distribuciones de Linux en el capítulo anterior. Hemos aprendido que Ubuntu es una de las mejores distribuciones de Linux para que los nuevos usuarios hagan una transición suave de Windows a Linux. Utilizaremos la distribución Linux Ubuntu a lo largo de este libro.

Repasemos rápidamente la historia de Ubuntu.

En abril de 2004, alrededor de una docena de desarrolladores de los proyectos GNOME, Debian y GNU Arch se reunieron para hacer una lluvia de ideas bajo el liderazgo de Mark Shuttleworth. Shuttleworth sólo tenía una pregunta para ellos: si era posible crear un sistema operativo mejor. Y todos tuvieron la misma respuesta: "Sí". A continuación hicieron una lluvia de ideas sobre cómo sería y hablaron de la comunidad responsable de este sistema operativo. El grupo trabajó para definir las respuestas a estas preguntas planteadas por Shuttleworth y decidieron convertirlas en realidad. Llamaron a su grupo los Warthogs y se dieron un plazo de 6 meses para desarrollar un sistema operativo de prueba de concepto. La primera versión de su sistema operativo recibió el nombre de Warty

Warthog, ya que asumieron que la primera versión tendría sus defectos. Después, se pusieron manos a la obra.

Si te pones en contacto con alguien que haya tenido el privilegio de ver la primera versión del Warthogs, te contará lo gratificante que ha sido ver el progreso de este sistema operativo a lo largo de los años. Ubuntu tuvo un comienzo muy fuerte y superó las expectativas de todos. En poco tiempo, Ubuntu llegó al número uno del ranking de distribuciones GNU/Linux. Ubuntu tuvo un crecimiento asombroso comparado con cualquier distribución GNU/Linux y experimentó un primer año impresionante. Incluso después de eso, siguió creciendo a lo largo de los años.

Es sorprendente ver que, a los pocos años de su lanzamiento, millones de usuarios ya se han pasado a Ubuntu. Y miles de usuarios de esos millones también contribuyen a Ubuntu desarrollando código, documentación y traducciones. Por todo ello, Ubuntu mejora día a día.

¿Qué significa Ubuntu?

Los Warthogs tenían un buen equipo y una visión de sus objetivos, pero el equipo no tenía un nombre para el proyecto. Fue Shuttleworth quien insistió en que el nombre fuera Ubuntu.

Ubuntu es un término y un concepto que procede de numerosas lenguas sudafricanas, como el xhosa y el zulú. Se refiere a la ética o ideología sudafricana que puede traducirse como "humanidad hacia los demás" o "soy quien soy por quienes somos todos". Otros han traducido Ubuntu como "la creencia en un vínculo universal de compartir que conecta a toda la humanidad". El arzobispo Desmond Tutu, activista sudafricano por los derechos humanos, describió Ubuntu de la siguiente manera.

> *"Una persona con Ubuntu está abierta y disponible para los demás, affirma a los demás, no se siente amenazada porque los demás sean capaces y buenos. Tiene una seguridad en sí misma propia que proviene de saber que pertenece a un todo mayor y se ve disminuida cuando otros son humillados o disminuida cuando otros son torturados u oprimidos."*

Shuttleworth tenía numerosas razones para elegir el nombre de Ubuntu para el proyecto.

1. Era un concepto sudafricano. Puede que la gente que trabaja en Ubuntu no sea de Sudáfrica, pero las raíces del proyecto sí lo son. Shuttleworth quería un nombre que representara esto.

2. El proyecto trata de las relaciones con los demás y sienta las bases de una comunidad que comparte y colabora. Estos son los pilares básicos del software libre.

3. El equipo de Ubuntu quería construir una comunidad altamente funcional que tuviera relaciones personales basadas en conexiones y respeto mutuo. El término Ubuntu indicaría a la gente cómo se formó el proyecto y su visión de futuro.

Por todas estas razones, el nombre era perfecto, y se quedó para siempre.

La visión

Los desarrolladores a tiempo completo de Ubuntu tenían que cobrar, y Shuttleworth necesitaba una empresa a través de la cual pudiera contratarlos. Shuttleworth quería que los mejores desarrolladores de la comunidad libre y de código abierto trabajaran en el desarrollo de Ubuntu. Los desarrolladores serían de todo el mundo, con lo que se eliminarían las fronteras geográficas o nacionales. En lugar de tener una empresa física donde todos se sentaran juntos, Shuttleworth decidió emplear a los desarrolladores a través de una empresa virtual. Aunque esto tenía sus contras, como las diferentes zonas horarias, los problemas de ancho de banda y latencia, etc., también tenía muchas ventajas. La naturaleza distribuida de los empleados significaba que la empresa podía contratar a nuevos empleados de cualquier parte del mundo sin pedirles que hicieran las maletas y se trasladaran a otro país para trabajar. Esto también eliminaba el problema habitual del "water cooler", en el que los empleados de una oficina suelen pasar el tiempo en un "water cooler" manteniendo conversaciones personales. Al tratarse de una empresa virtual, los empleados mantenían conversaciones personales a través de mensajeros mientras trabajaban simultáneamente en el proyecto. La empresa se llamó Canonical, y lo más parecido a una oficina que tuvo en los primeros años fue la residencia de Shuttleworth en Londres. Hoy, la empresa tiene varias oficinas en todo el mundo, pero la mayoría de sus empleados trabajan desde casa. Ni que decir tiene que los desarrolladores dependen mucho de la colaboración en Internet.

La Comunidad Ubuntu

El mérito de lo que Ubuntu es hoy es de la comunidad Ubuntu. Ya sabemos que la definición de Ubuntu también gira en torno a las personas y a una comunidad. En un capítulo dedicado hablaremos de cómo puedes formar parte de la comunidad Ubuntu.

Objetivos y promesas

Objetivos filosóficos

Los objetivos más importantes de Ubuntu son filosóficos. Encontrarás la filosofía de Ubuntu documentada en detalle en su página web. A continuación hemos recogido textualmente las principales filosofías de su sitio web.

Filosofía de Ubuntu

Ubuntu es un sistema operativo Linux basado en la filosofía, y su objetivo es distribuir software libre por todo el mundo para que los seres humanos puedan beneficiarse de él. Las ideas centrales de la filosofía Ubuntu son las siguientes.

1. Un usuario debe poder descargar, instalar, distribuir, utilizar y modificar software para cualquier requisito, y debe poder hacerlo gratis sin tener que pagar derechos de licencia.

2. Todo usuario que posea un ordenador debe poder utilizar cualquier programa en el idioma que prefiera.

3. Incluso si un usuario tiene una discapacidad, tiene derecho a utilizar un ordenador con software compatible con su discapacidad.

Estas ideas centrales de la filosofía de Ubuntu se reflejan en su sistema operativo. Cuando instalas Ubuntu en tu ordenador, el sistema operativo base y todo el software que viene con él ya cumplen los ideales mencionados. Ubuntu se esfuerza constantemente por proporcionar software a los usuarios con un tipo de licencia que les dé total libertad.

Software gratuito

En Ubuntu, la palabra libre en software libre se refiere a la libertad de usar el software y no a los costes, aunque Ubuntu sigue comprometido a proporcionar software sin ningún cargo. El principal objetivo de Ubuntu con el software libre es dar total libertad a los usuarios que utilizan su software. Esta libertad permite a los usuarios de Ubuntu crecer y tener una bonita experiencia.

¿Qué es el software libre? Según la Free Software Foundation, el software libre tiene el siguiente conjunto de libertades.

- La libertad de ejecutar cualquier software para cualquier necesidad

- Libertad para entender el programa y adaptarlo a sus necesidades

- La libertad de redistribuir el software para ayudar a los demás

- La libertad de modificar el software y lanzarlo públicamente para que todo el mundo se beneficie de él.

Código abierto

El término "código abierto" se introdujo en 1998 para diferenciarlo de la palabra inglesa "free" (libre). La Open-source Initiative definió el software de código abierto. Desde entonces, el código abierto se ha hecho muy popular y sigue creciendo.

Ubuntu es un sistema operativo de código abierto. Se ha discutido si lo libre y el código abierto son lo mismo, pero Ubuntu mantiene que no ve lo libre y el código abierto como incompatibles o diferentes. Ubuntu apoya a individuos de ambos movimientos.

Si lees los objetivos anteriores, te darás cuenta de que Ubuntu deja claro que el usuario debe tener la libertad de usar software libre. ¿Por qué es esto tan importante? En primer lugar, un usuario se beneficia prácticamente de un software más rápido, mejor y más flexible que otros sistemas operativos. Un usuario también trasciende su papel como consumidor y usuario del software. Ubuntu quiere potenciar el software y hacer que funcione según las necesidades de sus usuarios. El software tiene que ser libre, y Ubuntu incluye esto en su objetivo filosófico.

El software libre no es el fin de los objetivos propuestos por Ubuntu. También tiene otros dos objetivos igualmente importantes.

El primero establece que cada usuario de ordenador debe poder utilizarlo en el idioma que mejor le convenga. Esto es un guiño al hecho de que no todo el mundo sabe inglés, pero aún así, la mayoría del software del mundo está sólo en lengua inglesa. Hay mucho contenido textual en el software, y tiene que estar escrito en un idioma; pero si sólo está en inglés, mucha gente en el mundo no podrá utilizar el software en absoluto. Un ordenador es una herramienta que educa y capacita, pero sólo puede hacerlo si el usuario entiende su interfaz. Ubuntu cree que es responsabilidad de la gente y de la comunidad de Ubuntu garantizar que cualquier usuario del mundo pueda utilizar el idioma de su elección cuando utilice Ubuntu. Esta traducción es posible gracias al primer punto filosófico que Ubuntu hace sobre la capacidad de hacer modificaciones, que es una característica del software libre y de código abierto.

Por último, al igual que un usuario no debe tener restricciones para utilizar un software por limitaciones lingüísticas, tampoco debe tenerlas para utilizar un ordenador por ninguna discapacidad. Ubuntu garantiza que sea accesible para usuarios con discapacidades visuales, motoras o auditivas. Todas estas discapacidades se tienen en cuenta y se han desarrollado métodos alternativos de entrada y salida. Hay un número significativo de personas inteligentes en el mundo que tienen algún tipo de discapacidad. Ubuntu da la bienvenida a las personas con discapacidad para que formen parte de la comunidad Ubuntu, contribuyan a ella y hagan de Ubuntu un sistema operativo realmente pensado para todos.

Objetivos de conducta

Si los objetivos filosóficos de Ubuntu describen el porqué del proyecto Ubuntu, su *cómo* estaría descrito por el Código de Conducta. El código de conducta de Ubuntu es un documento muy importante que rige las políticas y la cooperación en la comunidad Ubuntu. Puedes convertirte en un activista de Ubuntu si estás completamente de acuerdo con este documento. También es un paso importante para convertirse en miembro del proyecto Ubuntu.

El código de conducta de Ubuntu cubre "el comportamiento como miembro de la comunidad Ubuntu, en cualquier foro, lista de correo, wiki, sitio web, canal IRC, install-fest, reunión pública o correspondencia privada". El código de conducta de Ubuntu también profundiza en algunos puntos que llevan los siguientes títulos.

- Sea considerado

- Sé respetuoso

- Colaborar

- Si no está seguro, pida ayuda

- Cuando no estés de acuerdo, consulta a los demás

- Bájese con consideración

También se puede decir que todos estos epígrafes son más que nada cortesía común o sentido común. Nada en el código de conducta de Ubuntu es radical o controvertido. Estos encabezamientos están ahí intencionadamente, pero puede ser difícil para todo el mundo seguirlo. Ubuntu no cree en hacer cumplir este código de conducta ya que actuar con respeto, colaboración y consideración es una elección personal. El código de conducta de Ubuntu no está diseñado para ser una ley que prohíba cualquier lenguaje o acción. Sólo sirve como recordatorio de que el respeto y la colaboración ayudan mucho a desarrollar y mantener un proyecto sano y una comunidad aún más sana.

Nadie en la comunidad Ubuntu está por encima del código de conducta, ni siquiera Mark Shuttleworth. El código de conducta es irrenunciable y no es opcional. Ubuntu también tiene el Código de Conducta de Liderazgo que extiende algunas expectativas más a aquellos en posiciones de liderazgo en la comunidad Ubuntu, pero ni el código de conducta ni el código de conducta de liderazgo fueron diseñados para erradicar el desacuerdo y el conflicto. Las discusiones en la comunidad Ubuntu son tan comunes como en cualquier otra comunidad online. Lo que diferencia a la comunidad Ubuntu de otras comunidades es que se asegura de que las discusiones se produzcan en un ambiente sano de respeto mutuo y colaboración. Esto conduce a mejores discusiones y mejores resultados, asegurando que los sentimientos sean menos heridos y los egos menos magullados.

Ha habido casos en los que el código de conducta y el código de conducta de liderazgo se han utilizado incorrectamente, pero no pueden utilizarse como palos mientras se discute con un oponente. Deben utilizarse como indicadores para obtener el consenso de todos. Las violaciones del código de conducta son raras. Cuando el grupo considere que un miembro del grupo no se ajusta al código de conducta, le recordará amablemente, en privado, que el código de conducta está en vigor. Esto es suficiente para poner fin al conflicto casi siempre. Las infracciones del código de conducta rara vez se llevan al Consejo Comunitario.

Objetivos técnicos

Aunque hemos visto cómo una comunidad respetuosa y el cumplimiento del código de conducta forman la columna vertebral del proyecto Ubuntu, tenemos que entender que, al fin y al cabo, Ubuntu es un producto técnico. Sería sensato que Ubuntu tuviera algunos objetivos técnicos junto con objetivos filosóficos.

El primer objetivo técnico de Ubuntu, y el más importante, es garantizar lanzamientos a intervalos regulares. Como vimos antes, en abril de 2004, el equipo de Warthogs había fijado una fecha de lanzamiento en los seis meses siguientes a su reunión inicial para la prueba de concepto. Desde entonces, el grupo siempre se ha ceñido al ciclo de publicación de seis meses, con la única excepción de la versión LTS, que se prorrogó seis semanas más para asegurarse de que todo iba bien. La prórroga sólo se aprobó después de solicitar la aprobación de la comunidad. Además, dado que se emplearon seis semanas más en esta versión, el equipo lanzó la siguiente en apenas cuatro meses y medio. Es importante que las versiones sean frecuentes para que los usuarios puedan seguir disfrutando del software libre más reciente. Los lanzamientos predecibles ayudan a las empresas que utilizan Ubuntu a planificar los cambios para su negocio. Los lanzamientos regulares ayudan a las empresas que utilizan Ubuntu, un software fiable a través del cual pueden crecer y expandirse sin preocupaciones.

Aunque los lanzamientos regulares son importantes, también lo es dar soporte al software después de su lanzamiento. Todo software tiene fallos, y Ubuntu no es una excepción. Los errores en cualquier software después de un lanzamiento importante son menores, pero arreglarlos también puede introducir nuevos errores que son mucho peores. Después del lanzamiento de cualquier software, los errores deben ser parcheados con cuidado o no ser corregidos en absoluto. La comunidad de Ubuntu trabaja en arreglarlos entre versiones mayores sólo si los cambios pueden ser probados a fondo. La mayoría de las veces, los errores pueden provocar la pérdida de datos de los usuarios o afectar a la seguridad del sistema operativo. La comunidad de Ubuntu corrige estos errores al instante y los envía a los sistemas mediante actualizaciones. La comunidad de Ubuntu también se asegura de que los errores sean mínimos cuando se lanza una versión y también es excelente a la hora de corregirlos si se encuentra alguno, pero siempre existe la posibilidad de que aparezcan nuevos errores. La comunidad de Ubuntu se compromete a dar soporte a cada versión principal durante 18 meses desde el momento de su lanzamiento. Además, en el caso de las versiones LTS, como la versión original Ubuntu 6.06 LTS, la comunidad fue más allá de los 18 meses habituales y dio soporte al sistema operativo durante tres años para los sistemas de escritorio y cinco años para los sistemas de servidor. Esto se hizo tan popular entre los usuarios individuales y las empresas que el patrón de tres años y cinco años se mantiene hasta la fecha para las versiones LTS de Ubuntu.

El tercer gran objetivo técnico del proyecto Ubuntu es la compatibilidad con sistemas de sobremesa y servidores en modos separados pero iguales. Ubuntu es popular en sistemas de sobremesa, pero un grupo de desarrolladores de Ubuntu trabaja en la mejora de Ubuntu tanto para sistemas de sobremesa como para servidores. La comunidad de Ubuntu proporciona medios de instalación para estos dos sistemas, ya que considera que ambos son esenciales. El software para ambos tipos de sistemas se prueba exhaustivamente, y también se proporciona documentación. En este libro, veremos cómo utilizar Ubuntu tanto para sistemas de escritorio como para servidores.

Finalmente, el último objetivo técnico del proyecto Ubuntu es facilitar que los usuarios trasciendan su papel de usuarios y consumidores de software libre aprovechando la libertad que forma parte de la filosofía de Ubuntu. Por ello, el desarrollo de Ubuntu siempre ha girado en torno al uso de un lenguaje de programación: Python. Los desarrolladores de Ubuntu se han asegurado de que Python se utilice ampliamente en todo el sistema operativo. Los desarrolladores de Ubuntu han utilizado el lenguaje de programación Python en las aplicaciones de escritorio, los editores de texto, las aplicaciones de consola y el sistema general de Ubuntu. Esto ha hecho que sea conveniente para los usuarios aprender un solo lenguaje para aprovechar el sistema, automatizar tareas y hacer modificaciones según sus necesidades.

Más allá de la visión

Una introducción a Ubuntu está incompleta sin una breve discusión de sus derivados. El sabor Ubuntu de Linux se basa en Debian, pero Ubuntu también tiene sus sub-sabores. Son los siguientes.

Kubuntu

Kubuntu es un sub-sabor de Ubuntu y es una alternativa para Windows o macOS que contiene todas las aplicaciones necesarias para que un usuario pueda trabajar, compartir e incluso jugar. A diferencia de Ubuntu con el entorno de escritorio GNOME, Kubuntu utiliza el entorno de escritorio KDE, y su instalación viene repleta de aplicaciones para correo electrónico, ofimática, fotografía, música, etc.

Edubuntu

Edubuntu es otro sub-sabor de Ubuntu que se ha desarrollado para fomentar la informática a través de software educativo en las escuelas. Ha habido varios cambios en el sistema operativo Edubuntu cada año, pero el objetivo principal del proyecto Edubuntu sigue siendo el mismo: proporcionar software gratuito y educativo a las escuelas. Edubuntu cuenta con una función por la que se puede tener un único sistema operativo ejecutándose en un ordenador servidor en un aula, y todos los demás estudiantes pueden conectarse a él a través de un sistema cliente y tener su propia sesión en el ordenador servidor. Esto ha ayudado a las escuelas a ofrecer sistemas informáticos a sus estudiantes, manteniendo al mismo tiempo al mínimo los costes de este tipo de configuración.

Xubuntu

Xubuntu es otro derivado de Ubuntu y es mantenido por una comunidad dedicada. Se diseñó para tener una interfaz elegante y fácil de usar. Xubuntu está dirigido a usuarios que quieren tener un escritorio atractivo y también quieren realizar sus tareas diarias con facilidad. Lo mejor de Xubuntu es que es tan ligero que también funciona en ordenadores con hardware antiguo.

Hemos hablado de cómo la visión de una persona y un equipo de crear un hermoso sistema operativo con una filosofía se convirtió en un fenómeno. Hemos comprendido cómo la visión de Ubuntu no era ser un mero producto técnico, sino unir a la comunidad humana mediante un sistema operativo que fomentara el respeto mutuo entre los usuarios y la comunidad que lo construyó.

Capítulo 3

Instalación de Ubuntu

Probar Ubuntu es muy fácil. Puedes probar Ubuntu directamente desde un soporte como una memoria USB sin ni siquiera tener que instalarlo en el disco duro de tu ordenador. Esta es una buena opción si ya tienes otro sistema operativo instalado en tus ordenadores, como Windows o macOS. Simplemente puedes ejecutar Ubuntu desde una memoria USB y no tienes que preocuparte de que la instalación sobrescriba tu sistema operativo existente.

Elegir una versión de Ubuntu

Los desarrolladores de Ubuntu se han asegurado de que el sistema operativo que han creado sea fácil de instalar. Ya habían considerado que los usuarios de Ubuntu se extenderían a través de un amplio espectro con todo tipo de usuarios con múltiples propósitos que querrían instalar Ubuntu en varios sistemas. Hay varias versiones de Ubuntu disponibles en el sitio web oficial de Ubuntu. Para este libro, vamos a tener en cuenta la instalación de Ubuntu 20.04 LTS que fue lanzado en abril de 2020. Dado que es una versión LTS, recibirá soporte de la comunidad Ubuntu hasta abril de 2025. Esta versión de Ubuntu soporta los tres tipos principales de ordenadores con algunas variaciones más.

i386

Esta es la arquitectura de los procesadores Intel e incluye también el hardware de Apple. Si no está seguro de qué versión descargar, seleccione ésta. Funcionará tanto en procesadores Intel de 32 bits como de 64 bits.

AMD64

Esta es la arquitectura de los procesadores AMD, y si tienes un procesador AMD en tu ordenador, esta es la versión que debes elegir, ya que se adaptará eficientemente a tu hardware.

ARM

ARM se refiere a chips de procesamiento de baja potencia que se encuentran en dispositivos más pequeños como Raspberry Pi, tabletas y teléfonos móviles. Existe un acuerdo entre ARM y Ubuntu para seguir desarrollando Ubuntu para chips ARM, y eso ha convertido a Ubuntu en la primera gran distribución compatible con dispositivos ARM.

Características de Ubuntu 20.04 LTS

Núcleo Linux 5.4

Con el núcleo Linux 5.4, se ha añadido compatibilidad con una gama más amplia de procesadores a Ubuntu 20.04 LTS, y también se han mejorado el ahorro de energía, la velocidad de arranque, etc.

En esta versión también se ha añadido compatibilidad con USB-C y otras funciones de seguridad.

GNOME 3.36

El entorno de escritorio de Ubuntu, GNOME, también se ha actualizado y mejorado. Las animaciones del sistema son ahora más fluidas y exigen menos a la CPU.

Sistema de archivos ZFS 0.8.3

Se ha mejorado el rendimiento del sistema de archivos y el cifrado es ahora una función por defecto.

Nueva pantalla de inicio de sesión

Se ha rediseñado la pantalla de inicio de sesión

Versiones actualizadas de lenguajes de programación

En esta versión se han añadido Python 3.8, PHP 7.4, OpenJDK 11, Rustc 1.41, Glibc 2.31, Ruby 2.7.0, GCC 9.3, Golang 1.13 y Perl 5.30.

Requisitos previos para instalar Ubuntu 20.04 LTS

Se necesitarán los siguientes requisitos del sistema. Se trata de recursos recomendados.

- Un procesador de doble núcleo a 2 GHz

- 25 GB de espacio disponible en disco

- 4 GB de memoria

- Soporte USB

También se necesita una memoria USB de un mínimo de 4 GB para crear el medio de instalación de Ubuntu.

Instalación

Veamos los pasos para descargar e instalar Ubuntu en un ordenador.

Descarga de los medios de instalación

Abre un navegador web y navega hasta https://ubuntu.com/download y selecciona una versión que se adapte a tu hardware, como hemos comentado anteriormente. Las versiones más populares de Ubuntu son:

Escritorio Ubuntu

Servidor Ubuntu

Derivados de Ubuntu

Una vez localizada la versión para tu sistema, haz clic en el botón verde de descarga situado junto a ella. Se le redirigirá a una página de agradecimiento y comenzará la descarga. Vamos a descargar e instalar la versión Ubuntu Desktop.

Ubuntu 20.04 LTS

Download the latest LTS version of Ubuntu, for desktop PCs and laptops. LTS stands for long-term support — which means five years, until April 2025, of free security and maintenance updates, guaranteed.

Ubuntu 20.04 LTS release notes

Recommended system requirements:

For other versions of Ubuntu Desktop including torrents, the network installer, a list of local mirrors, and past releases see our alternative downloads.

- ⊘ 2 GHz dual core processor or better
- ⊘ 4 GB system memory
- ⊘ 25 GB of free hard drive space
- ⊘ Either a DVD drive or a USB port for the installer media
- ⊘ Internet access is helpful

El archivo descargado tendrá formato .ISO. Utilizaremos este archivo para crear una unidad USB de arranque.

Guarde el archivo en la ubicación que necesite.

Crear una unidad USB de arranque

Como se mencionó anteriormente, necesitará una unidad USB con 4 GB o más de espacio. Este proceso también eliminará todos los archivos existentes en la unidad USB. Asegúrate de haber hecho una copia de seguridad de todos los datos importantes presentes en la unidad USB. También crearemos este USB de arranque en un sistema Windows.

Necesitarás una aplicación de terceros en Windows, como Rufus, para crear tu unidad USB de arranque.

Puedes descargar Rufus desde https://rufus.ie/. Desplázate hasta la sección de descargas y haz clic en la última versión de Rufus para comenzar la descarga.

- you need to create USB installation media from bootable ISOs (Windows, Linux, UEFI, etc.)
- you need to work on a system that doesn't have an OS installed
- you need to flash a BIOS or other firmware from DOS
- you want to run a low-level utility

Despite its small size, Rufus provides everything you need!

Oh, and Rufus is **fast**. For instance it's about twice as fast as UNetbootin, Universal USB Installer or Windows 7 USB download tool, on the creation of a Windows 7 USB installation drive from an ISO. It is also marginally faster on the creation of Linux bootable USB from ISOs. [1]
A non exhaustive list of Rufus supported ISOs is also provided at the bottom of this page. [2]

Download

Last updated 2020.04.22:

- **Rufus 3.10** (1.1 MB)
- Rufus 3.10 Portable (1.1 MB)
- Other versions (GitHub)
- Other versions (FossHub)

Ejecute el archivo una vez finalizada la descarga.

Aparecerá una ventana emergente. La ventana emergente le preguntará si desea comprobar si hay actualizaciones en línea. Haga clic en No.

Rufus update policy

Do you want to allow Rufus to check for application updates online?

| More information | | Yes | No |

Una vez iniciada la aplicación Rufus, conecta la unidad USB al ordenador. La aplicación la reconocerá y aparecerá en el campo Dispositivo.

Seleccione la unidad USB en el campo Dispositivo

En el desplegable de Selección de arranque, seleccione Disco o Imagen ISO. Haga clic en el botón Seleccionar situado junto a él. Desde tu ordenador, selecciona la ISO de Ubuntu que descargaste anteriormente.

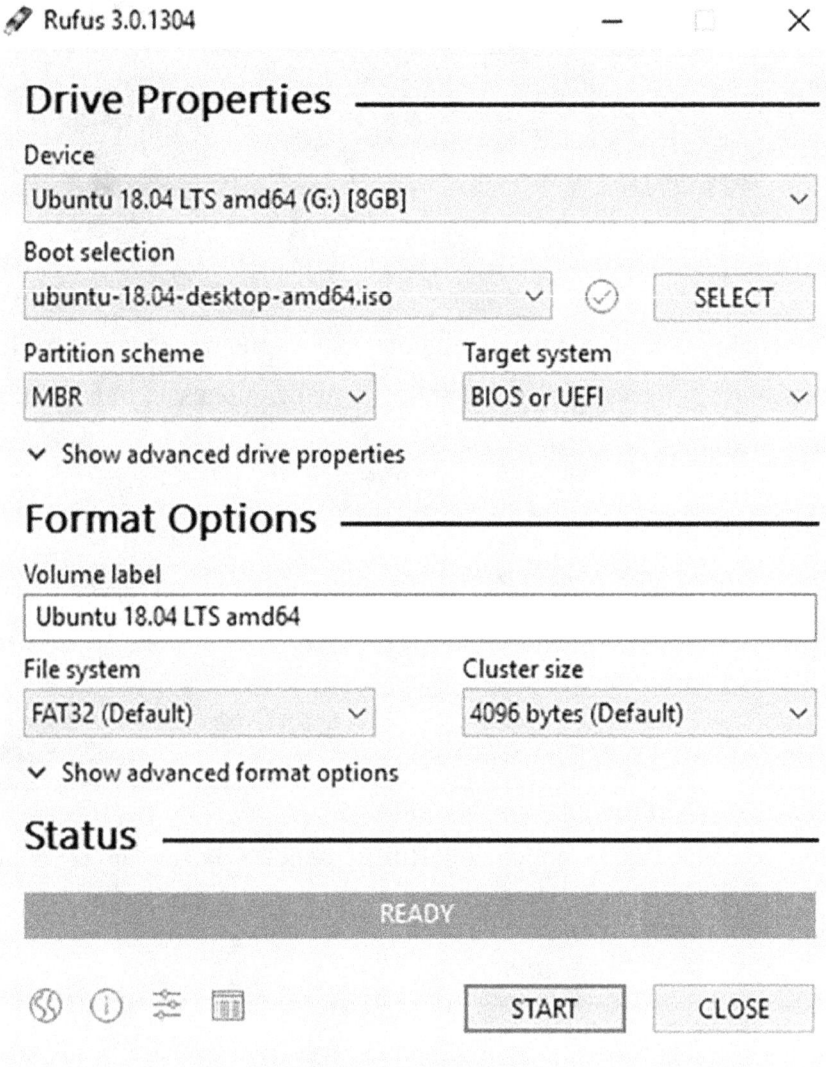

Rufus 3.0.1304   —   ☐   ✕

Drive Properties

Device

Ubuntu 18.04 LTS amd64 (G:) [8GB]   ⌄

Boot selection

ubuntu-18.04-desktop-amd64.iso   ⌄   ⊘   SELECT

Partition scheme   Target system

MBR   ⌄   BIOS or UEFI   ⌄

⌄ Show advanced drive properties

Format Options

Volume label

Ubuntu 18.04 LTS amd64

File system   Cluster size

FAT32 (Default)   ⌄   4096 bytes (Default)   ⌄

⌄ Show advanced format options

Status

READY

🌐   ⓘ   ⚙   🖩   START   CLOSE

Haga clic en el botón Inicio.

Este proceso escribirá los archivos de instalación de Ubuntu en tu unidad USB, y también se convertirá en una unidad USB de arranque.

Arrancar Ubuntu desde una unidad USB

1. Apague el ordenador y desconecte todos los demás dispositivos USB conectados a él.

2. Inserte la unidad USB de arranque recién creada y encienda el ordenador.

3. Ahora tu ordenador arrancará automáticamente desde la unidad USB, o si no lo hace, tendrás que ir a la configuración de la BIOS de tu ordenador y configurar los dispositivos de arranque para que el ordenador pueda arrancar desde la unidad USB.

4. Cada fabricante de ordenadores tiene diferentes formas de acceder a la configuración de la BIOS cuando el ordenador arranca. Deberías poder ver la tecla del teclado que hay que utilizar para ir a la configuración de la BIOS durante un par de segundos cuando enciendas el ordenador.

5. Si todo va según lo previsto, verá un indicador de arranque que le preguntará desde dónde desea arrancar. Selecciona la unidad USB. Ahora debería poder ver el menú del disco en vivo de Ubuntu.

Ejecutar Ubuntu desde la unidad USB

Puede ejecutar Ubuntu directamente desde la unidad USB antes de elegir instalarlo en su disco duro. El .ISO tiene un modo en vivo que se ejecutará directamente desde la unidad USB. Puede iniciar este modo haciendo clic en Probar Ubuntu.

Instalar Ubuntu 20.04 LTS Desktop

Puede comenzar la instalación de Ubuntu haciendo clic en Instalar Ubuntu

Seleccione la distribución del teclado

La selección por defecto en esta pantalla será Inglés e Inglés. Puede cambiar la disposición si está acostumbrado a un teclado diferente. Haga clic en Continuar cuando esté listo.

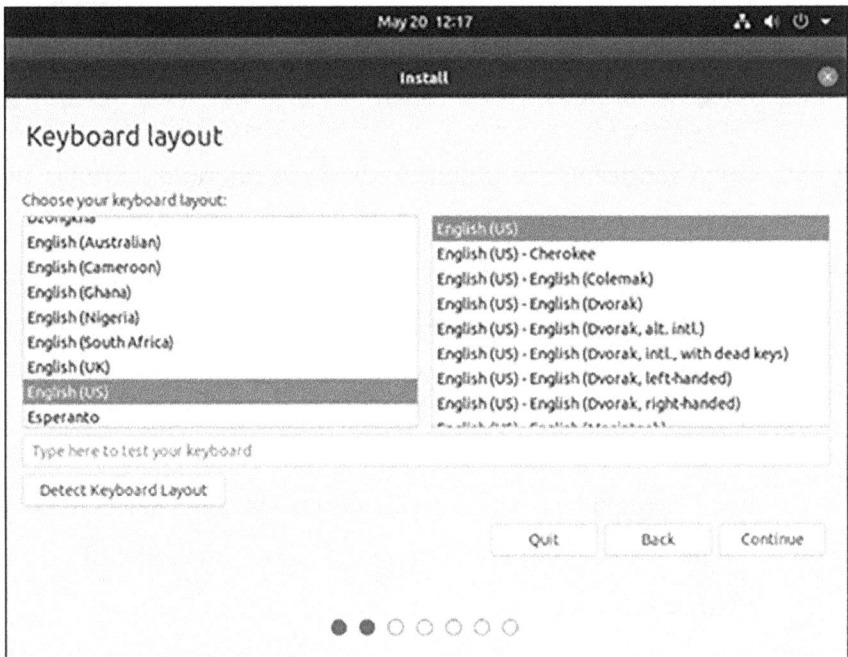

Aplicaciones para empezar

Instalación normal

Esto tendrá la instalación completa de Ubuntu Desktop que incluye todo el software, reproductores multimedia y juegos.

Instalación mínima

Esta opción instalará la versión mínima de Ubuntu Desktop con software limitado. También tendrá que confirmar algunas opciones más de la siguiente manera.

Descargar actualizaciones mientras se instala Ubuntu

A veces el instalador necesita descargar archivos adicionales del repositorio de Ubuntu. No son obligatorios, pero esta opción le ahorra tiempo, y el sistema se actualiza justo en el momento de la instalación.

Instalación de software de terceros para gráficos y hardware Wi-Fi y formatos multimedia adicionales

El sistema en el que está instalando Ubuntu puede tener hardware adicional, como una tarjeta gráfica y una tarjeta de red Wi-Fi. Es posible que los controladores de código abierto incluidos en la instalación de Ubuntu no sean compatibles con su hardware de forma predeterminada. Es entonces cuando esta opción debe estar activada para que la instalación descargue controladores de terceros para su hardware si es necesario.

Updates and other software

What apps would you like to install to start with?

○ Normal installation

Web browser, utilities, office software, games, and media players.

○ Minimal installation

Web browser and basic utilities.

Other options

☑ Download updates while installing Ubuntu

This saves time after installation.

☐ Install third-party software for graphics and Wi-Fi hardware and additional media formats

This software is subject to license terms included with its documentation. Some is proprietary.

Quit   Back   Continue

● ● ● ● ○ ○ ○

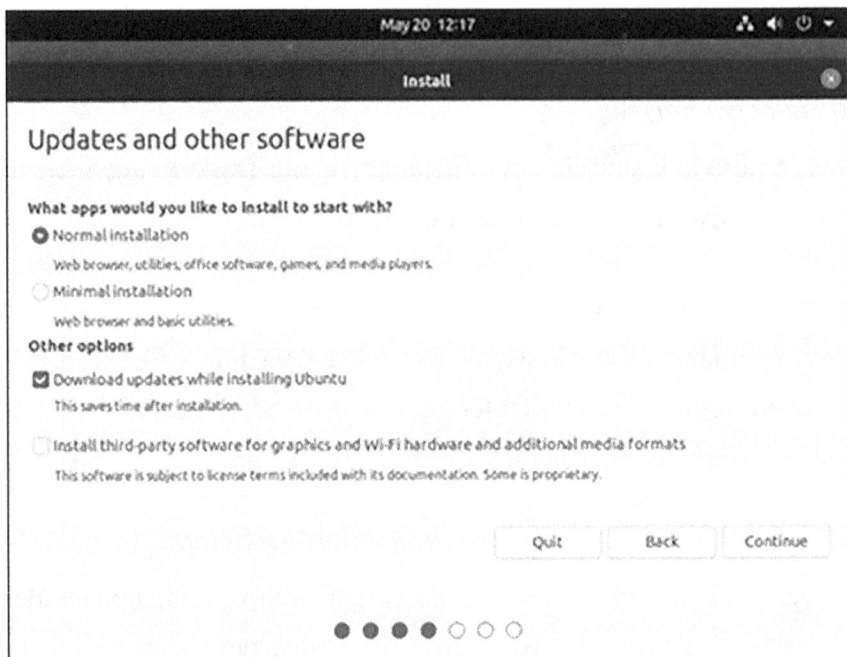

Particionamiento de discos

La siguiente pantalla te ofrece una ventana para elegir el tipo de instalación. La primera opción te permite hacer una instalación de Ubuntu desde cero. Tenga en cuenta que esto borrará todo en su disco duro e instalará Ubuntu. Si esto es lo que deseas hacer, puedes dejar de leer aquí e ir al siguiente paso.

Si ya tienes suficientes conocimientos sobre instalaciones de sistemas operativos, también puedes echar un vistazo a las Características avanzadas. Puede utilizar esta opción si desea crear particiones de disco personalizadas y para algunas opciones adicionales como:

Utilizar LVM con la nueva instalación de Ubuntu

LVM o Logical Volume Management es una herramienta que se puede utilizar para crear unidades virtuales en Linux. Es muy similar a la herramienta gparted.

Cifrar la nueva instalación de Ubuntu por seguridad

Puedes activar esta opción si deseas cifrar todos los datos de tu disco duro, incluidos los archivos de instalación. Aparecerá una opción para crear una clave de descifrado que se puede utilizar más tarde para descifrar los datos.

Si desea crear particiones personalizadas, puede seleccionar Otra cosa.

Cuando seleccione esta opción, se le llevará a una pantalla para crear particiones personalizadas. Puede crear particiones físicas, y Linux considerará estas particiones como discos duros físicos individuales.

Puede aplicar los cambios realizados a las particiones de disco pulsando en Continuar.

Recibirá un cuadro de confirmación que dice ¿Escribir los cambios en los discos? Esta es su última oportunidad para revisar los cambios de partición, y sólo después de hacer clic en Continuar en esta pantalla, sus particiones entran en vigor.

Selección de la zona horaria

Cuando finalice la instalación, deberá configurar su zona horaria.

Escriba el nombre de su ciudad en la casilla. Esto ayudará al sistema a establecer la zona horaria de su sistema. Haga clic en Continuar.

Más adelante también podrás cambiar la zona horaria desde el escritorio de Ubuntu.

Crear cuenta de usuario

En la siguiente pantalla, se le pedirá que cree una cuenta de usuario. Deberá introducir los siguientes datos para crear una cuenta de usuario.

Nombre y apellidos: Escriba aquí su nombre

Nombre del ordenador: Puede proporcionar un nombre de host para su sistema aquí

Nombre de usuario: Este será el nombre de cuenta para su usuario

Contraseña: Introduzca una contraseña de su elección y asegúrese de que es segura. El instalador le informará de la seguridad de su contraseña.

Iniciar sesión automáticamente: Lo ideal es no activar esta opción.

Requerir mi contraseña para iniciar sesión: Lo ideal es activar esta opción.

Haga clic en Continuar para continuar con la instalación.

El instalador empezará a escribir los archivos de Ubuntu en tu disco duro, y esto puede llevar algún tiempo dependiendo del hardware de tu sistema. Una vez finalizada la instalación, desconecte la unidad USB de arranque de su sistema. Se le pedirá que reinicie el sistema. Haga clic en Reiniciar ahora.

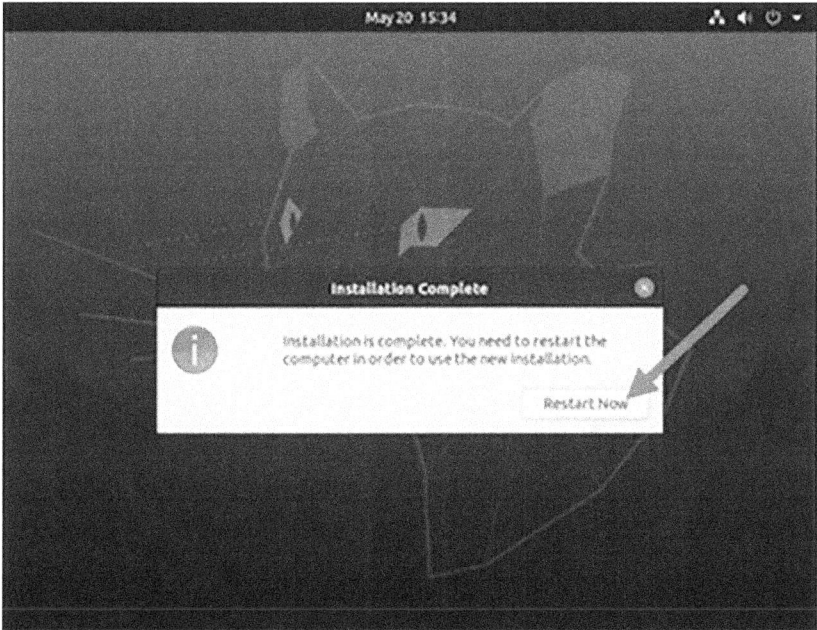

El sistema se reiniciará y ahora debería arrancar en el recién instalado Ubuntu 20.04 LTS.

Ya ha instalado correctamente Ubuntu en su sistema. Si su sistema está conectado a una red a través de Ethernet o Wi-Fi, verá indicaciones para descargar e instalar actualizaciones. Es aconsejable instalar las actualizaciones y mantener el sistema al día.

En este capítulo, pasamos por la instalación más común de Ubuntu en la que se crea una unidad USB de arranque, y Ubuntu se instala desde cero en su sistema, que puede haber tenido Windows antes. Hay otros métodos para instalarlo, también, en el que se puede instalar Ubuntu y aún así mantener su sistema operativo Windows también. Esto se hace mediante la creación de la instalación de Ubuntu en una partición diferente a la instalación del sistema operativo Windows. No cubrimos ese tipo de instalación en este libro, ya que este es un libro para principiantes.

Capítulo 4

Primeros pasos con Ubuntu

Ahora que has instalado Ubuntu, es el momento de empezar a utilizar tu sistema operativo Linux. A diferencia de los sistemas operativos de pago como Windows o macOS que requieren que pagues más para obtener software adicional, Ubuntu ya viene cargado con el software que necesitas para empezar. Encontrarás de todo en Ubuntu, desde una suite ofimática, un navegador web, hasta herramientas multimedia de correo electrónico. Podrás empezar a utilizar Ubuntu en cuanto termines la instalación.

Cada uno utiliza el ordenador a su manera, y a cada usuario le gusta personalizar el aspecto de su ordenador según sus necesidades. Teniendo esto en cuenta, Linux te permite utilizar una de las muchas interfaces gráficas que ofrece. Así, hay cientos de interfaces gráficas disponibles en Linux para satisfacer las necesidades de cada usuario.

Aunque existen múltiples interfaces gráficas disponibles para Linux, dos de ellas son las más populares, GNOME y KDE. Cada uno de estos entornos tiene una interfaz amigable y fácil de usar.

Tienen algunas diferencias en cuanto al aspecto del escritorio y a la forma de personalizarlo.

El entorno KDE ofrece al usuario un control total y opciones de configuración para personalizar el escritorio. El usuario puede configurar todos los aspectos del escritorio y tiene libertad para modificar su aspecto.

GNOME, por su parte, se inspira en los escritorios de Windows y macOS y prioriza la sencillez. GNOME también se puede personalizar fácilmente, pero oculta ciertas opciones al usuario.

Los usuarios de Ubuntu pueden elegir cualquiera de estos dos entornos de escritorio junto con algunos entornos de escritorio más también.

El entorno de escritorio por defecto en Ubuntu 20.04 es GNOME 3.36, pero esto no significa que no se puedan instalar otros entornos de escritorio. Veamos qué puede ofrecer a sus usuarios.

Tema

Ubuntu 20.04 LTS viene con un tema Yaru renovado, y se puede ver desde el arranque hasta el escritorio. A los desarrolladores de sistemas operativos les gusta tener un aspecto distintivo para su sistema operativo, lo que ayuda a establecer la imagen de su marca. En enero de 2020, Canonical, la empresa matriz de Ubuntu, realizó un sprint de diseño en colaboración con el equipo de Yaru y el equipo de diseño de Ubuntu. Yaru se introdujo en Ubuntu 18.10.

Yaru tiene tres tipos de variaciones y también un tema sonoro. Durante el sprint de diseño, los diseñadores y desarrolladores también identificaron algunas mejoras en la interfaz de usuario que podrían beneficiar al escritorio. Puedes cambiar el tema de tu escritorio entre los colores Claro, Estándar y Oscuro utilizando los ajustes de Apariencia. También puedes utilizar el sonido de alerta por defecto que proporciona Yaru.

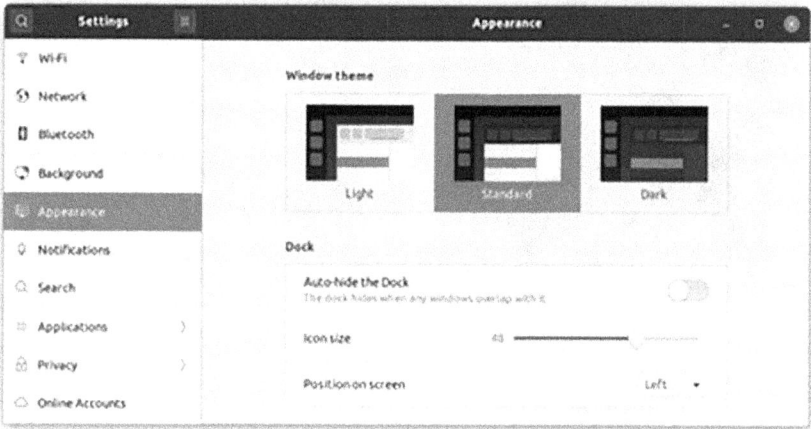

El renovado tema Yaru también permite realizar cambios en la pantalla de inicio y en las ventanas del instalador. El equipo de Yaru ha implementado ahora el spinner que sólo estaba disponible en el escritorio para que aparezca incluso en la pantalla de arranque. Si has instalado el sistema utilizando la opción de cifrado de disco completo, las casillas para la frase de contraseña en el menú de arranque también coincidirán con el tema del escritorio.

Últimamente, Ubuntu ha recibido una nueva mascota animal con cada lanzamiento importante. Esta vez también se ha integrado una criatura con un diseño muy cuidado. También le han dado un nombre. La mascota de Ubuntu 20.04 LTS se llama Felicity.

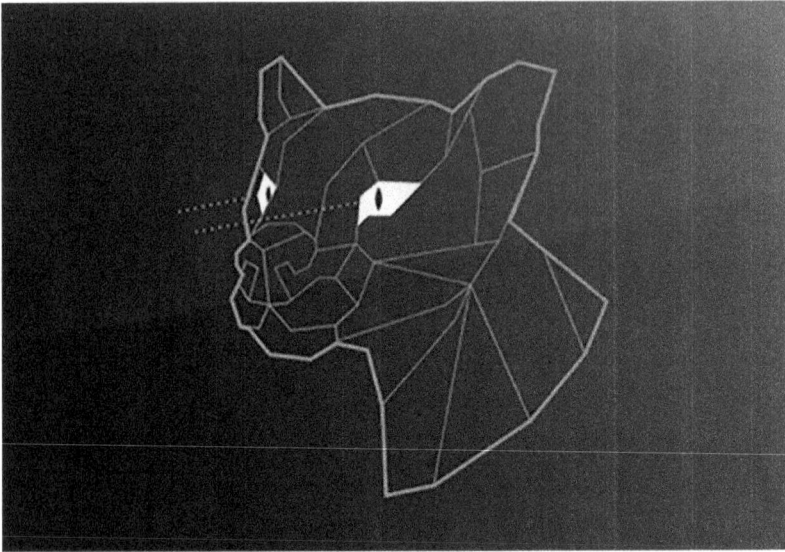

El fondo de pantalla predeterminado es Felicity. Además de los fondos de la mascota, el tema cuenta con otros fondos de pantalla. Todas las imágenes provienen de un sitio web libre de derechos de autor, y cada imagen es muy focal.

GNOME 3.36

Ubuntu tiene por defecto el escritorio GNOME como entorno de escritorio predeterminado desde el lanzamiento de Ubuntu 17.10. El equipo de Ubuntu ha trabajado profundamente con los desarrolladores de GNOME y la comunidad de Ubuntu para crear una sólida experiencia GNOME para los usuarios de Ubuntu. Ubuntu también mantiene lazos con los desarrolladores de Debian para seguir actualizando GNOME con los últimos paquetes.

GNOME 3.36 tiene cambios que son visibles para el usuario para una bonita interfaz de usuario y cambios ocultos que mejoran el rendimiento de la interfaz de usuario y hacen que la experiencia de escritorio sea muy estable.

Hay un nuevo conmutador para "no molestar", que silencia todas las notificaciones y ayuda a los usuarios que quieren permanecer concentrados en lo que están haciendo. GNOME 3.36 también presenta unas pantallas de inicio de sesión y de bloqueo sencillas y bonitas, dando como resultado una interfaz de usuario limpia. Las pantallas de inicio de sesión y de bloqueo difuminan el fondo de escritorio actual del usuario.

El menú de estado incluye una opción de suspensión rápida. Además, los usuarios a los que les guste ser organizados con la red de aplicaciones pueden usar una característica llamada 'mejor gestión de carpetas de aplicaciones' con esta versión de GNOME.

Siguiendo la tradición de cada nueva versión de GNOME, las animaciones del escritorio y del sistema son ahora incluso más suaves, y tampoco suponen una gran carga para la CPU.

Grandes aplicaciones

Ubuntu se integra ahora fácilmente con Microsoft Exchange y Google Gsuite. Incluye Firefox 75 como navegador web predeterminado, con funciones de protección de la privacidad del usuario.

El cliente de correo electrónico por defecto en Ubuntu es Thunderbird que te permite acceder a tus correos electrónicos de cualquier proveedor rápidamente en tu escritorio. Independientemente de su proveedor de servicios de correo electrónico, ya sea Gmail, Microsoft, otro proveedor POP o IMAP, puede configurar fácilmente su cuenta de correo electrónico en Thunderbird. Ubuntu 20.04 LTS viene con Thunderbird 68.7.0 precargado.

También tienes LibreOffice 6.4 para todas tus necesidades de productividad. Se trata de una suite ofimática gratuita pero potente que te permite realizar con facilidad cualquier tarea relacionada con la oficina.

Asistencia OEM de nivel 1

Ubuntu es un sistema operativo muy popular y se utiliza a gran escala en escuelas, empresas, administraciones y sectores públicos. El equipo de Ubuntu trabaja en estrecha colaboración con fabricantes de ordenadores como HP, Dell y Lenovo para satisfacer los requisitos de hardware precargado de estas áreas. Veamos algunos ejemplos en los que Ubuntu trabaja con socios OEM para añadir valor a la experiencia Linux de los usuarios de ordenadores de sobremesa.

Con el lanzamiento de Ubuntu 20.04 LTS, puede obtener una experiencia de dispositivo certificado cuando instale la versión general de Ubuntu. Al instalar Ubuntu en hardware certificado de un fabricante OEM, todas las características de ese hardware específico se habilitarán automáticamente en el dispositivo, al igual que habría ocurrido con las imágenes de fábrica.

Por ejemplo, si ha instalado Ubuntu en un dispositivo Dell, la pantalla de inicio mostrará automáticamente el logotipo de Dell. Ubuntu también incluye PulseAudio 14.0, BlueZ 5.53, y Sound Open Firmware para soportar SoundWire y SMIC, que es proporcionado por los fabricantes OEM en su hardware.

Dado que la seguridad es fundamental, también podemos ver que muchos dispositivos se entregan con un lector de huellas dactilares y los usuarios prefieren esta forma de desbloquear sus sistemas a teclear una contraseña. Ubuntu y el proyecto libfprint también están haciendo posible integrar esto para que los vendedores de hardware puedan ser aliviados por sus dispositivos que cuentan con autenticación biométrica.

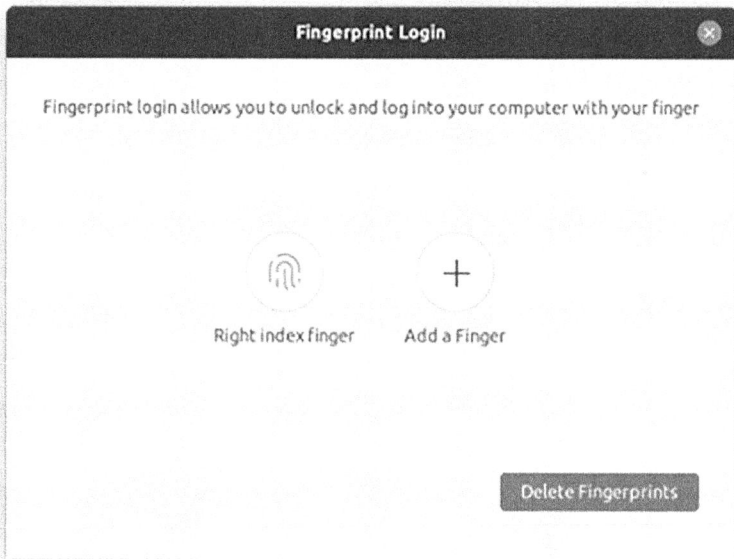

Una característica llamada X11 escala fraccional ha sido una parte de Ubuntu desde Ubuntu 19.04, pero nunca fue expuesto a los usuarios a través de la interfaz de usuario. Esto se ha expuesto finalmente en Ubuntu 20.04 LTS para que los usuarios de Ubuntu puedan habilitar el escalado fraccional fácilmente a través de la configuración de pantalla. Pueden escalar la pantalla en incrementos del 25% desde el 100% al 200%.

Informática de alto rendimiento y juegos

El aprendizaje automático y la inteligencia artificial son lo último en ingeniería de datos, y las empresas están adoptando estas tecnologías rápidamente. Ubuntu ha tomado nota de ello y ya está integrando la compatibilidad con la Inteligencia Artificial para las empresas, desde las estaciones de trabajo para desarrolladores hasta los bastidores de servidores, pasando por el Edge y la nube.

Ubuntu potencia la ciencia de datos en ordenadores de sobremesa y servidores proporcionando las últimas aplicaciones, bibliotecas y controladores necesarios para ello. Los científicos de datos pueden utilizar Kubeflow en potentes sistemas Ubuntu para crear modelos de IA antes de desplegarlos en servidores o nubes públicas. Ubuntu se ha convertido en un estándar para el aprendizaje automático, desde Wall Street hasta Silicon Valley. Es la primera opción tanto para startups como para empresas de la lista Fortune 50.

Si también tienes una GPU en tu sistema que utilizas para entretenimiento y juegos, Ubuntu 20.04 LTS tiene nuevas características que te harán muy feliz. Ubuntu 20.04 LTS tiene un paquete Steam actualizado que soporta nuevos mandos y periféricos de realidad virtual si eres un gamer. También tendrás GameMode de Feral Interactive instalado por defecto en Ubuntu. GameMode es un demonio que optimiza el sistema operativo y el proceso de juego temporalmente para tener una rica experiencia de juego. En la actualidad, GameMode optimiza el gobernador de la CPU, la amabilidad del proceso, la prioridad de entrada-salida, el programador del núcleo, el modo de rendimiento de la GPU, la inhibición del salvapantallas, el overclocking de la GPU y los scripts personalizados.

Si tiene gráficos híbridos en su sistema, ahora puede ejecutar aplicaciones a través de la GPU discreta disponible en el intérprete de comandos de GNOME. Esto se puede hacer utilizando el elemento 'Launch on Discrete GPU' en el menú. Esto es compatible tanto con GPUs NVIDIA como AMD.

Ubuntu también soporta VA-API y nvenc a través de FFmpeg si eres un streamer en directo o un creador de contenidos de vídeo. Se trata de funciones integradas en las GPU para codificar, descodificar, filtrar, etc. Estas funciones también descargan tareas intensivas de la CPU para que sean procesadas por la GPU en su lugar. Aplicaciones como Shotcut y OBG Studio utilizan nvenc para beneficiarse enormemente de estas funciones de codificación por hardware.

ZFS y ZSYS

El sistema de archivos ZFS se introdujo como experimento en Ubuntu 19.10. ZFS se entrega por defecto en Ubuntu 20.04 LTS que cuenta con cifrado a través de hardware, pool trim, eliminación de dispositivos, y un rendimiento mejorado. Como se mencionó anteriormente, ZFS se encuentra todavía en fase experimental.

Zsys es una herramienta de integración para Ubuntu y ZFS. Zsys toma una instantánea automática del estado del sistema cada vez que se instala un nuevo software o se actualiza todo el sistema operativo. Esta característica ayuda al usuario a hacer un rollback del sistema a un estado estable anterior si el nuevo software o la nueva actualización causa problemas en el sistema. Podrás encontrar estas instantáneas en el menú de arranque. Esto también se puede utilizar para crear copias de seguridad para el futuro.

Cambios desde Ubuntu 18.04 LTS

Es un hecho conocido que a los usuarios de Ubuntu les gusta apegarse a las versiones de Soporte a Largo Plazo. Los usuarios que actualicen de Ubuntu 18.04 LTS a 20.04 LTS verán un gran número de cambios ya que Ubuntu 20.04 reúne todas las características que se han implementado en Ubuntu 18.10, 19.04 y 19.10. Vamos a destacar los cambios más interesantes.

GNOME Disks ahora soporta cifrado de disco de código abierto cuando está formateando cualquier disco. Se ha mejorado el rendimiento de las vistas previas de ventanas y el zoom del escritorio. Los informes de fallos son ahora enviados automáticamente por la herramienta de informe de fallos cada vez que una aplicación se bloquea. Esto es útil, ya que el usuario no se ve interrumpido mientras realiza su trabajo.

Se ha mejorado el soporte para micrófonos y altavoces ajustando el panel de sonido en la Configuración de GNOME. Se ha mejorado la búsqueda de archivos en el escritorio añadiendo un rastreador. El cambio de aplicación se ha hecho más suave mejorando la función Alt+Tab y la función de previsualización de ventanas. Los errores inesperados en el sistema pueden ser investigados con la introducción del 'Modo Gráfico Seguro'.

Se ha optimizado el uso de la CPU, lo que mejora el rendimiento del escritorio. También se ha optimizado la latencia de entrada y salida para la mayoría de tarjetas gráficas. Esto significa que los usuarios no disfrutarán de velocidades de fotogramas más rápidas y fluidas. Ubuntu también permite el uso compartido de DLNA para compartir contenido multimedia a un televisor inteligente o cualquier otro dispositivo que admita DLNA. Los controladores gráficos para GPUs NVIDIA están integrados en el medio de instalación de Ubuntu. Esto permite a los usuarios instalar los controladores directamente.

Ubuntu es un gran sistema operativo y lo que hemos discutido en este capítulo es sólo la crema del caso. Le instamos a explorar más características para que pueda personalizar el aspecto de Ubuntu según sus necesidades y disfrutar del escritorio de Ubuntu al máximo.

Capítulo 5

Cosas que hacer después de instalar Ubuntu 20.04 LTS

El nombre en clave de Ubuntu 20.04 LTS es Focal Fossa. Ubuntu siempre se ha enorgullecido de ofrecer el sistema operativo con aplicaciones integradas que pueden ayudar al usuario a empezar poco después de la instalación. Las aplicaciones y configuraciones por defecto están configuradas según lo que le gusta a la mayoría de la gente. Pero no queremos asumir que tú eres la mayoría de la gente. Puede que no quieras todo, o que quieras más que lo que viene por defecto.

Este capítulo le ayudará a ajustar Ubuntu 20.04 LTS para mejorar su experiencia con Ubuntu.

¿Qué hay de nuevo?

Cada versión de Ubuntu difiere de su versión anterior, y Ubuntu 20.04 LTS no es una excepción. El tiempo de arranque en Ubuntu 20.04 se ha mejorado considerablemente, gracias a los nuevos algoritmos de compresión del kernel. Ya hemos hablado del tema

Yaru y del logo del fabricante OEM que aparece en el splash de arranque.

El modo oscuro

El modo oscuro es lo último para cualquier dispositivo hoy en día, ya sea un móvil o un ordenador. Todo el mundo quiere tener un modo oscuro en sus dispositivos, algo que ahora es posible con Ubuntu.

El modo oscuro no viene por defecto en Ubuntu, pero puedes cambiarlo fácilmente. Siga los pasos que se indican a continuación.

1. Abra Configuración > Apariencia

2. Seleccione la opción "Ventanas oscuras

Eso es todo. Verás que el cambio es inmediato, y todo se oscurece de inmediato, desde los fondos hasta las barras de herramientas. Incluso todas las aplicaciones no tendrán un tema oscuro.

Vale la pena señalar que el modo oscuro no tendrá ningún efecto sobre la interfaz de usuario del shell GNOME en Ubuntu, como el calendario, las notificaciones y los menús del sistema.

Si te cansas del modo oscuro, siempre puedes volver al tema predeterminado desde el panel de configuración Apariencia.

Ajustar GNOME

GNOME tweaks es una aplicación a través de la cual puedes personalizar aún más tu escritorio.

Tendrá opciones para

- Mover los botones de las ventanas de la derecha a la izquierda por defecto

- Cambiar algunos temas

- Cambia el tipo y tamaño de letra de tu escritorio

- Mostrar los días de la semana en el reloj

- Pasar de un espacio de trabajo a otro

- Centrar nuevas ventanas automáticamente

- Y más

Ubuntu tweak es una aplicación con la que puedes ajustar tu escritorio.

Inicie Firefox en su sistema Ubuntu y vaya al enlace apt://gnome-tweaks para instalar GNOME tweaks.

Consiga una potente herramienta de previsualización de archivos

Existe una herramienta conocida como GNOME Sushi que es una herramienta de previsualización de la barra espaciadora disponible para el escritorio shell de GNOME.

Si has sido usuario de Mac, sabrás lo que significa una vista previa de la barra espaciadora. El sistema operativo de Apple fue el primero en tener esta función, y se puso de moda. Puedes seleccionar un archivo en el gestor de archivos y pulsar la barra espaciadora para obtener una vista previa rápida de ese archivo.

Del mismo modo, puedes utilizar Sushi para previsualizar archivos multimedia, imágenes, documentos, obtener información sobre un archivo o una carpeta, etc., sin tener que abrir una aplicación dedicada a ello. Además, cuando por fin encuentras el archivo que quieres abrir, Sushi te da una opción para hacerlo.

Sushi es gratuito y de código abierto, igual que Ubuntu. Podrás encontrarlo en la aplicación de software de Ubuntu buscándolo por su nombre. O puedes simplemente iniciar Firefox de nuevo y escribir la URL apt://gnome-sushi

Minimizar las aplicaciones

En Windows, cuando haces clic en cualquier aplicación de la barra de tareas, ésta se minimiza. Esta función no está activada por defecto en Ubuntu, pero puedes activarla.

Esta configuración no está disponible fácilmente a través de la interfaz de usuario, pero puede hacerlo a través de la línea de comandos.

Simplemente abra el terminal de Linux y escriba el siguiente comando para habilitar minimizar para Ubuntu.

gsettings set org.gnome.shell.extensions.dash-to-dock click-action 'minimizar'

Esto será efectivo inmediatamente. Ahora puedes hacer clic en cualquier aplicación del dock y verás que se minimiza.

Mostrar porcentaje de batería

Esta función es útil si has instalado Ubuntu en un portátil y quieres ver el porcentaje de batería de un vistazo. Te permite saber cuánto porcentaje de batería queda sin necesidad de abrir la barra de estado para ello.

Para ello, deberá utilizar la aplicación de ajustes de GNOME de la que hemos hablado anteriormente.

1. Iniciar GNOME Tweaks

2. Seleccionar barra superior

3. Activar el ajuste de Porcentaje de batería

También puede activarlo a través de la línea de comandos escribiendo el siguiente comando en el terminal.

gsettings set org.gnome.desktop.interface mostrar-porcentaje-batería true

Ajustar el desplazamiento del panel táctil

Si has instalado Ubuntu en un portátil y no te sientes cómodo con el desplazamiento por defecto del touchpad conocido como 'Desplazamiento Natural', tienes la opción de cambiarlo. Puede cambiarlo para que el contenido se mueva en la dirección de su desplazamiento, es decir, desplácese hacia abajo para mover la página hacia abajo.

1. Abrir la configuración

2. Seleccionar ratón y alfombrilla táctil

3. Activar la opción Desplazamiento natural

Eso es todo, y ahora debería ser capaz de desplazarse cómodamente a su gusto.

Configuración de Livepatch

Livepatch es una opción de Ubuntu que permite actualizar automáticamente el núcleo de Linux sin necesidad de reiniciar el sistema.

Esta función está pensada para servidores, pero también funciona perfectamente en ordenadores de sobremesa.

Inicie la aplicación Livepatch desde la cuadrícula de aplicaciones y estará listo para instalar actualizaciones de seguridad en su núcleo Linux sin necesidad de reiniciar el sistema tras la instalación.

Eliminación automática de la papelera

Hay una opción de borrado automático de la papelera oculta en las opciones de Privacidad en Configuración. Puedes activarla para que la papelera se elimine a intervalos regulares. Es muy útil para liberar espacio automáticamente si te olvidas de hacerlo manualmente de vez en cuando.

Instalación de software sorprendente

Puedes encontrar tanto software gratuito como de pago para Ubuntu. Pero, ¿qué software necesitas?

Puedes pasar por la aplicación de software de Ubuntu e instalar el software que creas que se adapta a tus necesidades.

No hacer en su sistema Ubuntu

Hay algunas cosas que no es aconsejable hacer en su sistema Ubuntu 20.04 LTS. Vamos a ir a través de ellos en breve.

No desinstale el escritorio por defecto

El entorno de escritorio por defecto en Ubuntu es el escritorio GNOME Shell. No a todos los usuarios les gustará el escritorio, pero Ubuntu le da la opción de instalar otros entornos de escritorio junto al predeterminado GNOME Shell, pero desinstalar el entorno de escritorio predeterminado después de instalar uno nuevo es una mala decisión. Si desinstala el entorno de escritorio predeterminado de su sistema Ubuntu, puede perjudicar el rendimiento del sistema y provocar daños irreversibles.

No ejecute comandos aleatorios

Encontrará millones de scripts para Linux por todo Internet que afirman hacer algo asombroso. Aunque algunos de ellos son auténticos, la mayoría puede dañar su sistema.

La regla general a seguir es que si no conoces la función de un comando Linux en particular, no lo ejecutes. Esto debe seguirse incluso estrictamente para los comandos que realizarán múltiples funciones de una sola vez. Revisa siempre el contenido de un script antes de dispararlo en tu terminal.

Capítulo 6

La línea de comandos de Linux

En este capítulo, te llevaremos a través de la línea de comandos de Linux. La línea de comandos de Linux es similar al símbolo del sistema en Windows y puede ser utilizada para realizar casi todas las tareas que puedes hacer a través de una interfaz gráfica utilizando la línea de comandos en su lugar. Al final de este capítulo, serás competente en el manejo de tus archivos y directorios a través de la línea de comandos.

El intérprete de comandos Bash

BASH, abreviatura de Bourne-Again Shell, es una utilidad de Linux que te ayuda a interactuar con el sistema operativo a través de la línea de comandos. Es la primera opción de shell en todas las distribuciones de Linux y, naturalmente, también la encontrarás en Ubuntu. Se puede acceder al shell Bash en Ubuntu a través de una utilidad llamada terminal.

Puede iniciar el terminal en Ubuntu seleccionando el botón Aplicación en la esquina inferior izquierda del escritorio y, a continuación, haga clic en Todo en la parte inferior de la pantalla.

Continúa seleccionando Utilidades, y verás todas las herramientas del sistema bajo Utilidades. Haz clic en Terminal para iniciarla.

Al iniciar el intérprete de comandos bash, verá una cadena que indica que se espera la entrada de datos del usuario. Esta cadena se llama prompt del shell. Si usted es el usuario root o el superusuario de su sistema Ubuntu, el prompt terminará con el signo #. Si no es un usuario root, el prompt terminará con el signo $.

[root@desktop ~]#

[estudiante@escritorio ~]$

Como se ha mencionado, el shell Bash de Linux es igual que el símbolo del sistema disponible en Windows, pero ambos utilizan un lenguaje de scripting diferente, y el lenguaje de scripting en el shell Bash es muy superior en comparación con el disponible en la utilidad PowerShell de Windows. Puedes automatizar numerosas tareas en el sistema operativo Linux utilizando el shell Bash. También puede utilizar el shell Bash para realizar tareas que serían bastante complicadas, incluso en la interfaz gráfica.

El shell Bash, como se mencionó anteriormente, se puede acceder a través de la terminal en Ubuntu. El teclado funciona como dispositivo de entrada para la terminal, y el monitor funciona como dispositivo de salida para mostrarte el resultado de tus comandos. Hay consolas virtuales disponibles en Linux para acceder al shell Bash también. Esto le ayuda a tener múltiples consolas virtuales en una sola máquina física, y múltiples usuarios pueden iniciar sesión a través de las múltiples consolas virtuales.

Conceptos básicos

El comando que se introduce en el intérprete de comandos de Linux consta de tres partes.

1. *Comando* que desea ejecutar

2. *Opciones* que definirán el comportamiento del comando

3. *Argumentos* que son los objetivos del comando

El comando define el programa que desea ejecutar. El comando puede ir seguido de opciones o de ninguna opción. Las opciones definirán cómo se comportará el comando y cómo funcionará. Puede utilizar un guión o dos guiones para especificar una opción. Los guiones se añaden a las opciones para distinguirlas de los argumentos.

```
Ejemplo -a o --all
```

Los argumentos también siguen a la orden, y puede tener un único argumento o varios. Los argumentos son los objetivos sobre los que se ejecuta la orden.

Un comando básico tiene este aspecto.

usermod -L Juan

El comando de este ejemplo es *usermod*

La opción es *-L*

El argumento es *John*

Este comando se utiliza para bloquear la contraseña del usuario John en el sistema Linux.

Es útil saber qué opciones van con qué comandos para ser eficiente en la línea de comandos. La opción *--help* con cualquier comando le dará una lista de opciones que se pueden utilizar con ese comando en particular. No es importante conocer todas las opciones de memoria. La lista también le da una descripción de lo que hace la opción.

Veamos un ejemplo de esto con el comando **grep**. El comando grep se utiliza para buscar en una cadena o en un archivo. Si el archivo tiene una cadena que coincide con la especificada por usted en su comando grep, la salida muestra cada línea del archivo que contiene la cadena especificada.

> *[estudiante@escritorio ~]$ grep --help*
>
> *Uso: grep [OPCIÓN]... PATRÓN [ARCHIVO]...*
>
> *Buscar PATRÓN en cada ARCHIVO o entrada estándar.*
>
> *PATTERN es, por defecto, una expresión regular básica (BRE).*
>
> *Ejemplo: grep -i 'hola mundo' menu.h main.c*

Selección e interpretación de Regexp:

> *-E, --extended-regexp PATTERN es una expresión regular extendida (ERE)*

-F, --fixed-strings PATTERN es un conjunto de cadenas fijas separadas por nuevas líneas.

-G, --basic-regexp PATTERN es una expresión regular básica (BRE)

-P, --perl-regexp PATTERN es una expresión regular de Perl

-e, --regexp=PATTERN utiliza PATTERN para las coincidencias

-f, --file=FICHERO obtener PATRÓN de FICHERO

-i, --ignore-case ignorar las distinciones entre mayúsculas y minúsculas

-w, --word-regexp fuerza a PATTERN a coincidir sólo con palabras completas

-x, --line-regexp fuerza a PATTERN a coincidir sólo con líneas completas

-z, --null-data una línea de datos termina en 0 byte, no en newline

Varios:

-s, --no-messages suprimir los mensajes de error

-v, --invert-match selecciona las líneas no coincidentes

-V, --version mostrar información sobre la versión y salir

--help mostrar este texto de ayuda y salir

Control de salida:

-m, --max-count=NUM se detiene después de NUM coincidencias

-b, --byte-offset imprime el desplazamiento de bytes con líneas de salida

-n, --line-number imprime el número de línea con las líneas de salida

--line-buffered descarga la salida en cada línea

-H, --with-filename imprime el nombre del archivo para cada coincidencia

-h, --no-filename suprimir el prefijo del nombre del archivo en la salida

--label=LABEL utilizar LABEL como prefijo del nombre del archivo de entrada estándar

-o, --only-matching muestra sólo la parte de una línea que coincide con PATTERN

-q, --quiet, --silent suprimen toda la salida normal

--binary-files=TYPE asume que los archivos binarios son TYPE;

        TYPE es "binario", "texto" o "sin coincidencia".

-a, --text equivalente a --binary-files=text

-I equivalente a --binary-files=without-match

-d, --directories=ACTION cómo manejar los directorios;

ACTION es 'read', 'recurse', o 'skip'.

-D, --devices=ACTION cómo manejar dispositivos, FIFOs y sockets;

ACCIÓN es "leer" o "saltar".

-r, --recursive como --directories=recurse

-R, --referencia-recursiva

del mismo modo, pero siga todos los enlaces simbólicos

--include=FILE_PATTERN

buscar sólo archivos que coincidan con FILE_PATTERN

--exclude=FILE_PATTERN

omitir archivos y directorios que coincidan con FILE_PATTERN

--exclude-from=FILE omite los archivos que coincidan con cualquier patrón de archivo de FILE

--exclude-dir=PATTERN Se omitirán los directorios que coincidan con PATTERN.

-L, --files-without-match imprime sólo los nombres de los ARCHIVOS que no contienen ninguna coincidencia

-l, --files-with-matches imprime sólo los nombres de los ARCHIVOS que contienen coincidencias

-c, --count imprime sólo un recuento de las líneas coincidentes por ARCHIVO

-T, --initial-tab hace que las pestañas se alineen (si es necesario)

-Z, --null imprimir 0 byte después del nombre del ARCHIVO

Control del contexto:

-B, --before-context=NUM imprime NUM líneas de contexto inicial

-A, --after-context=NUM imprime NUM líneas de contexto final

-C, --context=NUM imprime NUM líneas de contexto de salida

-NUM igual que --context=NUM

--group-separator=SEP utilizar SEP como separador de grupos

--no-group-separator utiliza una cadena vacía como separador de grupos

--color[=Cuando],

--colour[=Entonces] utiliza marcadores para resaltar las cadenas coincidentes;

WHEN es "siempre", "nunca" o "auto".

-U, --binary no eliminan los caracteres CR en EOL (MSDOS/Windows)

-u, --unix-byte-offsets informa de los offsets como si no hubiera CRs

(MSDOS/Windows)

egrep' significa 'grep -E'. fgrep' significa 'grep -F'.

La invocación directa como 'egrep' o 'fgrep' está obsoleta.

Cuando FILE es -, lee la entrada estándar. Sin FILE, lee . si una línea de comandos

-r, - en caso contrario. Si se dan menos de dos ARCHIVOS, se asume -h.

El estado de salida es 0 si se selecciona cualquier línea, 1 en caso contrario;

si se produce algún error y no se indica -q, el estado de salida es 2.

Informe de errores a: bug-grep@gnu.org

Página principal de GNU Grep:
<http://www.gnu.org/software/grep/>

Ayuda general sobre el uso del software GNU:
<http://www.gnu.org/gethelp/>

La línea de comandos puede resultarle un poco difícil de entender al principio, pero la disfrutará más que la interfaz gráfica una vez que se acostumbre a ella.

Intentemos comprender la sintaxis esencial de la línea de comandos.

- Las opciones se escriben entre corchetes [].

- Si un comando va seguido de ..., indica la lista de elementos pertenecientes al mismo tipo

- Si ha especificado varios elementos y los ha separado mediante una tubería | indica que sólo debe utilizarse uno de ellos

- Las variables se especifican mediante paréntesis angulares <>. Si ve <nombredearchivo> en la sintaxis, ya sabe que tiene que sustituirlo por el nombre real del archivo

Veamos un ejemplo.

```
[estudiante@escritorio ~]$ date --help
fecha [OPCIÓN]... [+FORMATO]
```

Indica que el comando es **date,** y toma las opciones representadas por **[OPTION]**. También toma otra opción **[FORMAT]** prefijada con un signo +.

Ejecución de comandos

La función principal del shell bash es interpretar los comandos introducidos por un usuario y convertirlos en instrucciones específicas para el sistema operativo Linux. Ya sabemos que una cadena que se termina en el prompt del shell se compone de tres partes, comando, opciones y argumentos. Cada palabra que se introduce en el símbolo del sistema debe separarse utilizando un espacio en blanco. El sistema Linux ya tiene un archivo script donde se define la función del comando que escribes. Puedes manipular este script pasando opciones y argumentos a tu comando.

Repasemos los comandos más comunes.

El comando **fecha** mostrará la fecha y hora actuales que se han establecido en su sistema Linux. También puede utilizar el mismo comando para establecer una nueva fecha y hora si es necesario. El comando puede ir seguido de un signo + como argumento si desea mostrar la fecha y la hora en un formato específico.

[estudiante@escritorio ~]$ fecha

Sat Aug 5 08:15:30 GMT 2019

[estudiante@escritorio ~]$ fecha +%R

08:15

[estudiante@escritorio ~]$ fecha +%x

08/05/2019

El comando **passwd** se utiliza para cambiar la contraseña de un usuario en el sistema Linux. El comando le pedirá que introduzca la contraseña existente del usuario antes de permitirle establecer una nueva contraseña. El sistema Linux espera una contraseña fuerte que incluya letras en mayúsculas y minúsculas, números y símbolos. Además, la contraseña no puede ser una palabra del diccionario. Un usuario no root sólo puede cambiar su contraseña a través del comando like. Un usuario root tiene derecho a cambiar la contraseña de cualquier usuario a través de la línea de comandos.

[estudiante@escritorio ~]$ passwd

Cambio de contraseña del usuario alumno.

Cambio de contraseña para el alumno.

Contraseña UNIX (actual): escriba aquí la contraseña antigua

Nueva contraseña: Especifique aquí una nueva contraseña

Vuelva a escribir la nueva contraseña

passwd: todos los tokens de autenticación actualizados correctamente.

A diferencia de los formatos de archivo de Windows, los archivos del sistema de archivos de Linux no se especifican mediante extensiones. Aún así, puede utilizar el comando **file** si desea conocer el formato de cualquier archivo. El archivo debe pasarse junto con el comando como argumento.

[student@desktop ~]$ file /etc/passwd

/etc/passwd: Texto ASCII

Si pasa un directorio en lugar de un archivo a este comando, la salida le indicará que se trata de un directorio.

[estudiante@escritorio ~]$ archivo /home

/home: directorio

Puede utilizar los comandos **head** y **tail** para imprimir las 10 primeras líneas o las 10 últimas líneas de un archivo, respectivamente. Estos comandos también admiten la opción **-n**, que puede utilizarse para especificar un número personalizado de líneas de salida.

estudiante@escritorio ~]$ head /etc/passwd

Este comando imprimirá las 10 primeras líneas del archivo passwd.

[estudiante@escritorio ~]$ tail - n4 /etc/passwd

Este comando imprimirá las últimas cuatro líneas del archivo passwd.

Puede pasar un archivo como argumento con el comando **wc** para obtener el número de líneas, palabras y caracteres de un archivo. El comando admite las opciones **-l, -w, -c** que representan líneas, palabras y caracteres, respectivamente.

[student@desktop ~]$ wc /etc/passwd

40 80 2000 /etc/passwd

Esto muestra que el archivo passwd tiene 40 líneas, 80 palabras y 2000 caracteres.

Como puede ver, si no especifica ninguna opción con el comando wc, la salida muestra todo. Si pasas una opción en particular con el comando, sólo mostrará la salida sólo para ese parámetro en particular.

El comando **historial** te mostrará todos los comandos que has tecleado en el pasado. Estos comandos también tendrán un número al lado. Puedes teclear ! con el número del comando para conocer el comando completo que has tecleado.

[estudiante@escritorio ~]$ historial

1 claro

2 que

3 pwd

[estudiante@escritorio ~]$!3

/home/estudiante

Puede ver que !3 expandió todo el comando para pwd e incluso mostró la salida para el directorio de trabajo actual del usuario.

Puedes utilizar las teclas de flecha del teclado para navegar por la salida del comando historial. La tecla de flecha arriba te lleva a los comandos de la parte superior, mientras que la tecla de flecha abajo te lleva a los comandos de la parte inferior. Las teclas de flecha izquierda y derecha te ayudarán a editar el comando en el que te encuentres en ese momento.

Gestión de archivos a través de la línea de comandos

Esta sección repasará algunos comandos importantes que te ayudarán a gestionar archivos y directorios en Linux. Aprenderás comandos que te permitirán crear, borrar, copiar, mover y organizar archivos y directorios.

Jerarquía del sistema de archivos de Linux

Para entender el sistema de archivos Linux correctamente, primero necesitas entender la jerarquía del sistema de archivos Linux. La jerarquía del sistema de archivos Linux visualmente se parece a un árbol invertido con la raíz en la parte superior y luego se ramifica hacia abajo para formar otras partes.

El directorio raíz se representa como / y se encuentra en la parte superior de la jerarquía del sistema de archivos. El carácter / también se utiliza para representar rutas de archivos en Linux. Por ejemplo, **var** es un subdirectorio bajo el directorio raíz y se representa como /var. Del mismo modo, hay un subdirectorio llamado **log bajo** el directorio var, y su ruta se representa como /var/log.

El directorio raíz tiene un conjunto particular de subdirectorios bajo él que almacenan archivos específicos. Por ejemplo, el **subdirectorio/boot** tendrá archivos que son responsables del proceso de arranque del sistema Linux.

Repasemos los principales subdirectorios del directorio raíz.

/usr

Este subdirectorio contiene archivos de software comunes a todos los usuarios. Se subdivide como sigue.

/usr/bin: Archivos de comandos de usuario

/usr/sbin: Comandos utilizados en la administración del sistema

/usr/local: Archivos de software que se han personalizado localmente

/etc

En este subdirectorio se almacenan los archivos relacionados con la configuración del sistema.

/var

Este subdirectorio almacena archivos que cambian dinámicamente, como bases de datos, registros, etc.

/ejecutar

Algunos archivos que se crean durante el tiempo de ejecución se almacenan en este subdirectorio. Estos archivos se volverán a crear en el siguiente arranque.

/home

Este subdirectorio contiene todos los usuarios del sistema Linux. Cada usuario tiene su propio directorio personal. Un usuario puede almacenar todos sus datos en su directorio personal. Un usuario no puede acceder al directorio personal de otro usuario.

/raíz

Este es el directorio raíz del usuario root, y nadie más que él puede acceder a él.

/tmp

Como su nombre indica, este subdirectorio almacena todos los archivos temporales. Si los archivos de este directorio tienen más de diez días y no se ha accedido a ellos, el sistema los elimina automáticamente. Existe un directorio similar en /var/tmp que también contiene archivos temporales. Si no se accede a ellos en los últimos 30 días, se borran automáticamente.

/dev

Los dispositivos de hardware del sistema Linux se almacenan como archivos en este subdirectorio.

Gestión de archivos y directorios

Administrar un archivo o un directorio en el sistema operativo Linux se refiere a crear, modificar y borrar archivos o directorios. Vamos a repasar los comandos comunes que se utilizan para administrar archivos y directorios en Linux.

Actividad	Fuente única	Fuente múltiple
Copiar archivo	cp fichero1 fichero2	cp fichero1 fichero2 fichero3 dir
Mover archivo	mv archivo1 archivo2	mv archivo1 archivo2 archivo3 dir

Eliminar archivo	rm fichero1	rm -f fichero1 fichero2 fichero3
Crear directorio	mkdir dir	mkdir -p par1/par2/dir
Copiar directorio	cp -r dir1 dir2	cp -r dir1 dir2 dir3 dir4
Mover directorio	mv dir1 dir2	mv dir1 dir2 dir3 dir4
Borrar directorio	rm -r dir1	rm -rf dir1 dir2 dir3

mv archivo1 archivo2

Este comando cambia el nombre de fichero1 a fichero2

cp -r dir1 dir2

Este comando copiará el contenido de dir1 a dir2

rm -r dir1

Este comando borrará el contenido de dir1

-r se utiliza para procesar el directorio de origen de forma recursiva

mv dir1 dir2

Este comando copiará el contenido de dir1 a dir2 si dir2 existe. Si dir2 no existe, dir1 será renombrado a dir2

> *cp fichero1 fichero2 fichero3 dir*
> *mv archivo1 archivo2 archivo3 dir*
> *cp -r dir1 dir2 dir3 dir4*
> *mv dir1 dir2 dir3 dir4*

El contenido de los archivos o directorios se copia o mueve al directorio especificado al final.

rm -f fichero1 fichero2 fichero3

rm -rf dir1 dir2 dir3

Este comando elimina los archivos o directorios. Por favor, úselo con cuidado ya que la opción -f utiliza una opción forzada que borrará todo sin ningún mensaje de confirmación.

mkdir -p par1/par2/dir

El comando creará nuevos directorios. Utilícelo con cuidado, ya que si utiliza -p seguirá creando directorios a partir del directorio principal e independientemente de los errores de escritura.

Veamos a través de ejemplos cómo funcionan estos comandos.

Creación de directorios

Puede utilizar el comando **mkdir** para crear directorios y subdirectorios. El directorio debería crearse sin problemas siempre y cuando el nombre especificado no exista o el directorio padre esté especificado correctamente. En caso contrario, se producirá un error. Si utiliza la opción **-p** al crear directorios, el directorio padre se creará si no existe. Debe tener cuidado con esta opción, ya que no comprueba errores ortográficos.

[estudiante@escritorio ~]$ mkdir Cajón
[estudiante@escritorio ~]$ ls
Cajón

Puede ver que el comando crea un nuevo directorio llamado Drawer en el directorio personal del usuario estudiante.

[estudiante@escritorio ~]$ mkdir -p Tesis/Capítulo1
[estudiante@escritorio ~]$ ls -R
Tesis thesis_chapter1

Cuando utilizamos la opción -p con el comando mkdir, el directorio padre Thesis, y el subdirectorio Chapter1 se crean simultáneamente.

Copiar archivos

Los archivos se pueden copiar en el sistema Linux utilizando el comando **cp** en la línea de comandos. El comando se puede utilizar para copiar uno o más archivos, y se pueden copiar archivos dentro del mismo directorio o de un directorio a otro.

Deberá especificar un único archivo de destino. Si el archivo ya existe, la acción de copia sobrescribirá el archivo existente con el contenido del archivo de origen.

[estudiante@escritorio ~]$ cd Documentos

[estudiante@escritorio documentos]$ cp uno.txt dos.txt

En el ejemplo anterior, el contenido del archivo uno.txt se copia en el archivo dos.txt

[estudiante@escritorio ~]$ cp uno.txt Documentos/dos.txt

En el ejemplo anterior, el contenido del archivo uno.txt se copia en el archivo dos.txt que se encuentra en el directorio Documentos.

Traslado de archivos

Puede utilizar el comando **mv** para mover archivos de un lugar a otro. El comando mv también tiene una función alternativa. Si utiliza el comando mv dentro del mismo directorio, sólo realizará una operación de cambio de nombre en el archivo de origen. Si especifica que el destino es un directorio diferente, el archivo de origen se moverá al directorio de destino.

La operación de traslado de un directorio a otro puede llevar más tiempo si el tamaño del archivo es enorme.

> *[estudiante@escritorio ~]$ ls*
> *Hola.txt*
> *[estudiante@escritorio ~]$ mv Hola.txt Adiós.txt*
> *[estudiante@escritorio ~]$ ls*
> *Adiós.txt*

La operación mv tiene lugar dentro del mismo directorio. El archivo se renombra de Hola.txt a Adiós.txt

> *[estudiante@escritorio ~]$ ls*
> *Hola.txt*
> *[estudiante@escritorio ~]$ mv Hola.txt Documentos*
> *[estudiante@escritorio ~]$ ls Documentos*
> *Hola.txt*

La operación mv no se realiza dentro del mismo directorio. El archivo se mueve de Hola.txt a bajo el directorio Documentos.

Borrar archivos y directorios

El comando **rm** se utiliza para eliminar archivos y directorios en Linux. Combínalo con **-r,** y borrará todo recursivamente en la ruta especificada.

Ten en cuenta que Linux no tiene un concepto como la Papelera de Reciclaje en Windows. Así que cuando borras algo en Linux, se borra permanentemente. No hay forma de restaurarlo de nuevo.

[estudiante@escritorio ~]$ ls
Archivo1.txt Directorio1
[estudiante@escritorio ~]$ rm fichero1
[estudiante@escritorio ~]$ ls
Directorio1
[estudiante@escritorio ~]$rm -r Directorio1
[estudiante@escritorio ~]$ ls
[estudiante@escritorio ~]$

En el ejemplo anterior puede ver cómo se utilizan los comandos rm y rm -r para eliminar archivos y directorios.

Además, tenga en cuenta que si un directorio no contiene ningún archivo, también puede eliminarlo utilizando el comando **rmdir**.

Capítulo 7

Edición de archivos de texto en Linux con Vim

En este capítulo, aprenderemos cómo puedes editar archivos de texto en Linux. Hay aplicaciones disponibles en la interfaz gráfica de cualquier distribución de Linux que puedes usar para editar archivos de texto, pero la esencia de editar un archivo de texto en Linux es a través de la línea de comandos. El hábito de editar archivos de texto en Linux a través de la línea de comandos te llevará muy lejos, y personalmente te aconsejamos que esta es la mejor manera de editar archivos en Linux.

Hay muchos editores de texto disponibles en Linux, como nano, vi y vim. Usaremos el editor de texto Vim para nuestro libro, ya que es el más popular. Si has instalado Ubuntu en tu ordenador según el capítulo de instalación, vim puede o no estar disponible por defecto en él. Pero no hay de qué preocuparse. Instalar vim en Ubuntu es muy fácil.

Inicie el terminal en su sistema Ubuntu y escriba el siguiente comando.

apt install vim

Recuerde que debe iniciar sesión como usuario root para ejecutar este comando.

Pulsa enter, y el sistema instalará vim en tu sistema Ubuntu.

Introducción a Vim

Editar archivos es una habilidad importante en Linux como principiante y a medida que progresas con tu experiencia con sistemas Linux. Si empiezas a amar Linux como un sistema operativo y quieres hacer una carrera en él, es posible que desees buscar un perfil de Administrador de Sistemas Linux. Los administradores de sistemas Linux utilizan editores de texto como vim diariamente para editar archivos de configuración en Linux y escribir sus propios scripts de shell para automatizar tareas.

Vim es una herramienta muy completa. Soporta modos de completado de texto scripts en múltiples lenguajes de programación, plugins de tipo de archivo, y muchas otras características. Vim es tan popular que existen plugins de terceros para él en Internet que pueden ayudarte a conseguir muchas cosas, como editar un simple archivo, autocompletar para varios lenguajes de programación y tareas muy sencillas como listas de tareas pendientes.

Versiones de Vim

Hay tres versiones de vim, y cada versión tiene su caso de uso, pero es posible tener las tres versiones una al lado de la otra y utilizarlas todas. Las siguientes son las versiones de vim.

Vim-Minimal

Este paquete contiene una versión antigua de vim conocida como sólo vi. Los comandos que se pueden usar con esta versión de vim son también los que sólo se podían usar con vi.

Vim-Enhanced

Este paquete contiene vim e incluye complementos de resaltado de sintaxis, corrección ortográfica y extensión de archivos.

vim-X11

Este paquete de vim incluye gvim que tiene soporte de interfaz gráfica para editar archivos también. La característica más popular de gvim es su barra de menú. Es popular entre los nuevos aprendices que luchan inicialmente para recordar los comandos de vim en la terminal. También soporta el uso del ratón dentro de una sesión vim en la terminal.

Modos Vim

Vim no es conocido por ser un editor muy fácil porque tiene múltiples modos. Esto significa que las teclas del teclado que utilizas tienen diferentes funciones según el modo en el que te encuentres. No tienes que preocuparte ya que este capítulo te guiará paso a paso con vim, y te enamorarás de él.

Los tres modos siguientes están presentes en vim.

Función	Modo
Modo de mando	En este modo se puede navegar por los archivos, cortar, copiar y pegar, así como ejecutar otros comandos sencillos. Comandos como deshacer y rehacer también se pueden realizar en este modo.
Modo de inserción	En este modo se puede realizar la edición normal de texto. Existe una variación del modo de inserción conocida como modo de reemplazo, en el que puede reemplazar texto en lugar de insertarlo
Modo Ex	Funciones como abrir un archivo, guardarlo o salir de vim se pueden realizar en este modo. También soporta algunas otras funciones complejas. La salida de los programas se puede insertar en el archivo actual utilizando este modo. Las configuraciones de Vim también pueden realizarse desde este modo. Todo lo que uno puede realizar en ex se puede hacer en este modo de vim

Flujo de trabajo en Vim

Esta sección le enseñará a abrir archivos de texto con vim, insertar y reemplazar texto, mover el cursor dentro de vim, guardar archivos y consultar las opciones de ayuda.

Conceptos básicos del editor Vim

Independientemente del editor de texto que elijas utilizar a la larga, debe ser capaz de ayudarte a realizar estas tres tareas principales.

1. Crear un nuevo expediente o abrir un expediente existente

2. Modificar el contenido del fichero

3. Guardar los cambios y salir

Abrir un archivo en Vim

Puede abrir fácilmente archivos en vim en la terminal especificando el nombre del archivo como argumento del comando **vim**. Por ejemplo, si desea abrir el archivo, sólo tiene que escribir el siguiente comando.

[estudiante@escritorio ~]$ vim nombrearchivo

Tenga en cuenta que si el archivo especificado por usted en el comando vim no existe, vim terminará creando un nuevo archivo con ese nombre en su lugar y le llevará directamente al editor.

Por defecto, vim se inicia en modo comando. Verás información como el nombre del archivo, el número de caracteres, el número de líneas, etc., en la esquina inferior izquierda de tu editor vim.

También verá información sobre qué parte del archivo de texto es visible actualmente en la pantalla, como All para todo, Top de la línea en la parte superior, Bot para las últimas líneas del archivo, o puede ver un porcentaje que indica la parte del archivo en la que se encuentra actualmente. En la terminología de vim, la última línea se conoce como la regla.

Edición de texto en Vim

Cuando estés en el modo comando de vim, las teclas de tu teclado no harán exactamente lo que pretendes. Esto se debe a que la inserción de texto no está soportada en el modo de comandos, y se debe utilizar para especificar algunas funciones a vim, como el movimiento del cursor o copiar y pegar.

Puede cambiar al modo de inserción desde el modo de comandos en vim utilizando comandos en el modo de comandos que corresponden a varias funciones. Echemos un vistazo a los comandos.

Clave	Resultado
i	Esto le cambiará al modo de inserción, y podrá empezar a escribir antes de la posición actual del cursor
a	Esto le cambiará al modo de inserción también, pero comenzará a escribir después de la posición actual del

	cursor
I	Mueve el cursor al principio de la línea actual y cambia al modo de inserción.
A	Mueve el cursor al final de la línea actual y cambia al modo de inserción.
R	Cambiará el modo de reemplazo, empezando por el carácter en el que se encuentre el cursor. No puede insertar caracteres adicionales en el modo de reemplazo, pero cada carácter que escriba reemplaza el carácter actual del documento dado.
o	Se abre una nueva línea debajo de la línea actual y se pasa al modo de inserción
O	Se abre una nueva línea por encima de la línea actual y, a continuación, se pasa al modo de inserción

Sabrás si estás en el modo insertar o reemplazar de Vim por el indicador de la parte inferior que muestra **--INSERT--** o **--REPLACE--**.

Para volver al modo de comandos, basta con pulsar la tecla Escape del teclado.

Puede utilizar las teclas del teclado en el modo de comandos para navegar por su archivo. La siguiente tabla muestra las teclas más comunes.

Clave	Resultado
h	El cursor se desplaza una posición hacia la izquierda
j	El cursor se desplaza una línea hacia abajo
k	El cursor se desplaza una línea hacia arriba
l	El cursor se desplaza una posición hacia la derecha
^	El cursor se desplaza al inicio de la línea actual
$	El cursor se desplaza al final de la línea actual
gg	El cursor se desplaza a la primera línea del documento
G	El cursor se desplaza a la última línea del documento

Tenga en cuenta que puede pulsar la tecla escape del teclado para cancelar el comando actual al volver al modo de comandos de vim. Es una buena práctica pulsar la tecla escape dos veces para asegurarse de que ha vuelto al modo de comandos.

Guardar archivos en Vim

Puede guardar archivos en vim desde el modo ex. Puedes entrar en el modo ex pulsando la tecla dos puntos (:) mientras estás en el modo comando de vim. Así que si estás en el modo insertar de vim, introduce escape para llegar primero al modo comando y luego pulsa la tecla dos puntos para ir al modo ex. Verás dos puntos en la regla de vim cuando estés en el modo ex que indica que estás en el modo ex. Puedes escribir un comando en el modo ex y luego presionar enter para completar el comando.

La siguiente tabla ofrece una lista de comandos que pueden utilizarse en el modo ex de vim.

Comando	Resultado
:wq	Guardar el archivo actual y salir de vim
:x	Guardar el archivo actual si no hay cambios sin guardar, y luego salir de vim
:w	Guarda el archivo actual y permanece en el editor. No sale de vim

:w <nombre de archivo>	Utilice un nombre de archivo diferente para guardar el archivo actual
:q	Salir del archivo actual SÓLO si no hay cambios sin guardar
¡:q!	Ignorar los cambios no guardados y salir del archivo actual

w significa escribir en la tabla anterior, lo que significa escribir los cambios en el archivo y guardarlo. q significa salir, y el signo de exclamación es para forzar un comando.

Obtener ayuda en Vim

Vim tiene una extensa ayuda en línea a la que se puede acceder a través del propio vim. Puedes escribir :help desde el modo comando en vim, y la pantalla de ayuda aparecerá con un montón de documentación de ayuda. Puedes escribir :**help subject** si quieres encontrar ayuda para un tema en particular.

La pantalla de ayuda se abrirá en una nueva ventana dividida. También puede escribir el comando **vimtutor** mientras está en el modo de comandos de vim. Esto iniciará una visita guiada de vim, que es útil para un nuevo usuario.

Edición en Vim

En esta sección, vamos a repasar los atajos de vim que son muy útiles durante la edición. También son útiles para realizar tareas como copiar y pegar, reemplazar texto, etc. También aprenderemos sobre las opciones de deshacer y rehacer en vim.

Movimiento en Vim

La mayoría de los editores de Linux tienen restricciones en las que sólo puedes mover el cursor a través de un único carácter o una única línea. Estas opciones también están disponibles a través del modo comando en vim, pero vim proporciona opciones adicionales para navegar a través de todo el documento con facilidad. Estas opciones de vim te permitirán moverte a través de un archivo de texto en vim por palabra, oración y párrafos. Tenga en cuenta que estas opciones sólo funcionarán en el modo de comandos de vim y no funcionarán en absoluto en el modo de inserción.

Clave	Función
w	El cursor se desplaza al inicio de la palabra siguiente
b	El cursor se desplaza al inicio de la palabra anterior
(	El cursor se desplaza al inicio de la frase actual o de la frase anterior

)	El cursor se desplaza al principio de la frase siguiente
{	El cursor se desplaza al inicio del párrafo actual o del preciado párrafo
}	El cursor se desplaza al inicio del párrafo siguiente

Los comandos mencionados anteriormente también toman números como prefijo. Por ejemplo, si tecleas 5w, el cursor se moverá después de las cinco palabras siguientes. Del mismo modo, si escribe 13, el cursor se moverá al principio de una línea después de 13 líneas. En la terminología de vim, esto se conoce como conteo.

Sustitución de texto

Puede utilizar el comando **change** en vim para reemplazar una o más palabras en el documento de texto. Puedes ejecutar el comando change en vim pulsando la tecla **c** en tu teclado y siguiéndola con el movimiento de cursor requerido. Por ejemplo, si introduce **cw en el teclado**, el cursor se moverá desde su posición actual hasta el final de la palabra en la que se encontraba. Vim cambiará al modo de inserción, y el texto que quieres borrar será reemplazado.

También puedes utilizar algunos atajos para realizar la edición con más facilidad.

- Si introduce **cc**, es decir, la tecla c dos veces, la función de sustitución se aplica a una línea entera de su documento de texto. Así que puedes reemplazar una línea entera o varias líneas si antepones a este comando un número. Esto también se aplica a otras funciones, como borrar una línea.

- Los comandos de movimiento pueden ir precedidos de **i** o **a** para manipular tu movimiento. Por ejemplo, si usas el comando **ciw**, puedes reemplazar toda la palabra pero no sólo desde la posición actual en la que te encuentras. Puedes reemplazar esa obra desde todo el documento. Del mismo modo, puedes utilizar **c$** para reemplazar todo hasta el final de una línea. Este método también resulta útil en caso de que quieras borrar algo.

- Si desea seleccionar y sustituir un único carácter situado bajo el cursor, puede utilizar **r**.

- Puede utilizar ~ para cambiar la mayúscula o minúscula del carácter situado bajo el cursor.

Borrado de texto

El borrado de texto en vim world es similar al reemplazo de texto en vim. Puedes usar el comando **d** para borrar texto en vim, y los comandos de movimiento que se aplican al reemplazo de texto también funcionan para el borrado de texto. También puedes usar el comando **D** para borrar una línea entera de texto desde el punto donde está el cursor. Puedes usar el comando **x para** borrar un único carácter bajo el cursor.

Copiar y pegar

Las terminologías de copiar y pegar en vim difieren de los términos habituales utilizados en la mayoría de los editores de texto. La operación de copiar se conoce como yank, y la operación de pegar se conoce como put. Las teclas del teclado asignadas para estas operaciones reflejan esto como el comando para yank es **y,** y el comando para put es **p** o **P**.

También puede utilizar los métodos utilizados para reemplazar y eliminar. También puede anteponer un número a la operación de borrado. Por ejemplo, **5aw** copiará la palabra actual y las cinco siguientes. Puedes copiar una línea entera utilizando el comando **yy**.

Puede utilizar el comando **p** o **P** para pegar algo. Cuando utilizas la p minúscula, el contenido se pega después del cursor o debajo de la línea actual. Cuando utilizas una P mayúscula, el contenido se pega antes del cursor o por encima de la línea actual. Como con todos los comandos, también puedes añadir un prefijo numérico a los comandos put para realizar puts de múltiples líneas.

Registros múltiples en Vim

Un registro se refiere a un portapapeles que almacena el contenido copiado. La mayoría de los editores de texto sólo tienen un portapapeles, pero vim tiene 26 portapapeles o registros. También hay algunos registros especiales en vim. La presencia de múltiples registros hace que las operaciones de copiar y pegar sean muy fáciles para el usuario, ya que nunca tiene que preocuparse de perder sus datos o de mover demasiado el cursor. El usuario puede especificar el registro que desea utilizar. Si no se especifica un registro, vim utilizará un registro **sin nombre** por defecto. Los registros normales se nombran de la **a** a la **z** y pueden utilizarse utilizando la sintaxis **"registername"** entre la cuenta de un comando y el comando real que se desea utilizar. Por ejemplo, si desea copiar la línea actual y las cuatro líneas siguientes en el registro p, puede utilizar el comando **4 "pyy**.

Si desea pegar en el documento el contenido almacenado en un registro concreto, puede utilizar el nombre del registro antes del comando p. Por ejemplo, si quieres pegar el contenido del registro b, el comando sería **bp**.

Cuando guardas algo en un registro con nombre, automáticamente se guarda también en el registro sin nombre.

También es posible utilizar los registros de vim para las operaciones de borrado y reemplazo. De nuevo, si no especifica ningún registro con nombre, vim utilizará el registro sin nombre por defecto. El uso de la versión en mayúsculas de un registro hace que el texto se añada en lugar de ser reemplazado.

Registros especiales

Vim tiene un conjunto de 10 registros especiales numerados del 0 al 9. El texto copiado más recientemente se almacena en 0, y el texto borrado más recientemente se almacena en 1.

El contenido almacenado en los registros con nombre se conserva en todas las sesiones, pero el contenido almacenado en los registros especiales se borra una vez que abandonas la sesión.

Modo visual en vim

También hay soporte para un modo visual en vim, que te ahorra la constante preocupación de contar el número de caracteres, palabras, líneas o frases. Cuando estés en el modo visual, se indicará como --**VISUAL**-- en la regla de vim. El modo visual te permite seleccionar texto moviendo el cursor a tu alrededor. Mientras estés en el modo visual de vim, el movimiento del cursor no es necesario para usar los comandos yank, replace o delete. Se aplica automáticamente al texto seleccionado por el cursor.

El modo visual de vim tiene tres sabores.

1. Modo visual basado en caracteres, que comienza por **v**

2. Modo visual basado en líneas, que comienza por **V**

3. Modo visual basado en bloques, que se inicia con **Ctrl+V**

También puedes utilizar el ratón para seleccionar texto mientras estás en el modo visual de vim.

Buscar en Vim

Puede buscar algo en un documento utilizando dos formas en vim.

1. Si pulsa la tecla **/**, la búsqueda se realizará a partir de la posición del cursor en el documento actual

2. Si pulsa la tecla **?**, la búsqueda recorrerá el documento situado detrás de la posición actual del cursor

En el modo de búsqueda, puede utilizar una expresión regular para buscar algo en el documento y encontrar una coincidencia. Puede utilizar las teclas **n** y **N** del teclado para navegar por la coincidencia anterior y la siguiente.

Existe un atajo que le ayudará a buscar una palabra que se encuentre en ese momento bajo el cursor. Simplemente tendrá que utilizar la tecla * para encontrar la siguiente aparición de esa misma palabra en el documento.

Buscar y reemplazar en Vim

Puede implementar la búsqueda y sustitución en vim a través de su modo ex. Puede implementar una búsqueda y reemplazo para expresiones regulares como patrones, rangos, banderas, cadenas, etc.

El rango puede ser un número de línea o un rango de números de línea. También puede ser un simple término de búsqueda que coincidirá con las líneas del documento actual. Las funciones de búsqueda y reemplazo sólo operan en la línea actual o en la línea resaltada en el modo visual de vim.

Ejemplo:

Piense en un documento en el que aparece la palabra **gato en** varios puntos. Quiere sustituir esta palabra por la palabra **perro**. No le importa el caso y quiere que se aplique sólo donde gato sea una palabra independiente. Puede utilizar el siguiente comando en este caso.

:%s/<cat>/dog/gi

Deshacer y rehacer

Vim, como cualquier editor de texto, permite deshacer y rehacer operaciones. Puedes deshacer una acción pulsando la tecla **u en el** modo de comandos, y puedes rehacer una acción pulsando el comando **Ctrl+r** en el modo de comandos.

Capítulo 8

Usuarios y grupos en Linux

E ste capítulo te introducirá a los usuarios y grupos en Linux y las políticas de contraseñas para ellos. Al final de este capítulo, sabrás todo sobre los roles de usuarios y grupos en un sistema Linux y cómo los utiliza el sistema operativo.

Usuarios y grupos

En esta sección aprenderemos sobre usuarios y grupos e intentaremos comprender cómo se asocian con el sistema operativo Linux.

¿Quién es un usuario?

Cada programa o proceso que se ejecuta en el sistema operativo Linux se ejecuta como un usuario. Un usuario es el propietario de un archivo o directorio en el sistema operativo. El acceso y las restricciones pueden ser creados en un archivo o directorio basado en el usuario. Dicho esto, cuando un proceso se ejecuta como usuario, los archivos y directorios a los que un proceso en particular tiene acceso dependerán del usuario de ese proceso.

Puedes escribir el comando id en el terminal de Linux para conocer los detalles del usuario que está actualmente conectado al sistema operativo. Puede pasar otro nombre de usuario como argumento al comando id si desea obtener los detalles básicos de otro usuario.

Puede utilizar el comando **ls -l** para conocer el usuario asociado a un fichero o directorio. Este usuario será el propietario de ese fichero o directorio.

Puede utilizar el comando ps para conocer los procesos en curso en el sistema operativo Linux. La salida por defecto le dará una lista de todos los procesos en curso de la shell actual solamente, pero puede listar los procesos en curso a través de cada shell utilizando el comando **ps a**. También puede pasar la opción **u** con el comando ps si desea conocer el usuario que está asociado con un proceso en particular. La primera columna de la salida le mostrará el usuario propietario del proceso.

Las salidas que acabas de aprender te dan los detalles de los usuarios por sus nombres de usuario, pero el sistema Linux rastrea a todos sus usuarios usando un ID de usuario conocido como UID. El sistema Linux mantiene una base de datos para mapear el nombre de usuario a los ID numéricos. La información de todos los usuarios se almacena en un archivo en /etc/passwd. Este archivo tiene siete campos como sigue.

nombre de usuario: contraseña: UID: GID: GECOS: /home/dir: shell

- El campo nombre de usuario tendrá el nombre de usuario de un usuario en el sistema Linux.

- La contraseña es la contraseña para ese usuario, pero ya no se almacena aquí. Ahora se almacena en un archivo en /etc/shadow en formato hash.

- El ID numérico asignado a un usuario en el sistema Linux se menciona bajo UID.

- El ID de grupo de un usuario se menciona en GID. Hablaremos de los grupos más adelante en este capítulo.

- El campo GECOS utiliza un texto arbitrario y en la mayoría de los casos es el nombre completo del usuario.

- El directorio personal del usuario en el sistema Linux se menciona en /home/dir y es el directorio donde se almacenan todos los archivos de un usuario.

- El campo shell menciona el programa que se ejecuta cuando el usuario se conecta. Para un usuario normal, será el símbolo del sistema.

¿Qué es un Grupo?

El sistema Linux mantiene grupos al igual que usuarios. Los grupos también se mantienen usando números, conocidos como Group IDs o GIDs en abreviatura. La información de los grupos se almacena en el archivo /etc/group.

Existen dos tipos de grupos: primarios y complementarios.

Grupo primario

- Cada usuario está asociado exactamente a un grupo primario

- El grupo primario de un usuario se define en el 4° campo del fichero /etc/passwd según el campo GID

- El grupo primario es el propietario de cualquier nuevo archivo creado por un usuario.

- El número de grupo primario por defecto para un usuario es el mismo número que el usuario. El grupo primario también se conoce como Grupo Privado de Usuarios (UPG), ya que sólo cuenta con el usuario como miembro.

Grupo complementario

- Un usuario puede formar parte de cero o más grupos complementarios

- Existen grupos complementarios para que un usuario no esté restringido a un solo grupo, y se puedan asignar recursos a los usuarios en función de sus grupos.

El superusuario

Esta sección trata sobre el superusuario de un sistema Linux, comúnmente conocido como usuario root.

El usuario raíz

Cada sistema operativo tiene un usuario que se conoce como el superusuario con todos los accesos y derechos al sistema operativo.

Si has utilizado antes un sistema operativo Windows, habrás oído hablar del superusuario conocido como administrador. Del mismo modo, en los sistemas operativos Linux, el superusuario se conoce como usuario **root**. El usuario root tiene todos los privilegios para hacer cualquier cosa en el sistema Linux y normalmente se utiliza para gestionar el sistema. El usuario root sólo puede realizar tareas que modifican el sistema operativo para todo el mundo, como instalar o desinstalar software, gestionar archivos y directorios, etc.

Un usuario root sólo puede gestionar dispositivos adicionales conectados a un sistema operativo. Hay algunas excepciones, como las unidades USB, que también pueden ser gestionadas por un usuario normal. Un usuario normal puede añadir o eliminar archivos de una unidad USB, pero si quieres hacer lo mismo con un disco duro fijo, necesitarías iniciar sesión como usuario root.

Es posible que hayas oído el dicho "un gran poder conlleva una gran responsabilidad". Esto también se aplica al usuario root. El usuario root tiene tantos privilegios y acceso que puede dañar todo el sistema si se utiliza mal. El usuario root puede añadir o eliminar archivos, realizar cambios en las cuentas de usuario, crear lagunas en el sistema, etc. Si la contraseña del usuario root se ve comprometida, otra persona puede tomar el control del sistema. La regla general en Linux dice que siempre se debe iniciar sesión como usuario administrador y escalar las tareas al usuario root cuando sea necesario.

El comando su

El comando **su** en Linux se utiliza para cambiar a otra cuenta de usuario. Debe pasar el nombre de usuario como argumento al comando su para que el sistema sepa a qué cuenta desea cambiar. Si no pasas ningún argumento, el sistema te cambiará a la cuenta root. Si eres un usuario normal intentando cambiar a otra cuenta de usuario, se te pedirá que introduzcas la contraseña de ese usuario; pero si estás conectado como usuario root e intentas cambiar a otra cuenta de usuario, no se te pedirá ninguna contraseña.

su - <nombre de usuario>
[estudiante@escritorio ~]$ su -
Contraseña: rootpassword
[root@desktop ~]#

Accederás a una sesión de shell nologin si escribes el comando **su nombredeusuario**. Si necesitas un shell de inicio de sesión para el nuevo usuario al que estás cambiando, tendrás que utilizar el guión - junto con tu comando, como se muestra en el ejemplo anterior. Esto significa que un shell nologin conservará todos los ajustes y configuraciones del shell actual, mientras que un login con el guión creará un nuevo shell con un login limpio para el nuevo usuario. Es una buena práctica iniciar sesión usando el guión.

sudo y root

El sistema operativo Linux ha implementado un modelo muy estricto para los usuarios. Mientras que el usuario root tiene el poder de hacer cualquier cosa y todo, un usuario normal no puede hacer cambios en el sistema directamente. En los primeros años de

Linux, la solución a este problema era permitir al usuario normal cambiar al usuario root mediante el comando su hasta que se completara la tarea requerida. Esto se veía como una desventaja, ya que un usuario normal podía convertirse en usuario root con todos los privilegios. Esto significaba que podían realizar cualquier cambio en el sistema e incluso borrar directorios importantes. Además, cambiar al usuario root mediante el comando su significaba que un usuario normal conocería la contraseña de la cuenta del usuario root. Definitivamente, esta no era una solución práctica.

Fue entonces cuando Linux introdujo el concepto de sudo. El comando sudo simula que un usuario normal es el usuario root y ejecuta comandos específicos de root. La configuración de sudo se define en el archivo /etc/sudoers. Mientras que el comando su necesitaba que conocieras la contraseña del usuario root, el comando sudo sólo requiere que conozcas tu contraseña. Esto significa que el usuario root puede asignar ciertos privilegios a los usuarios normales a través de sudo para realizar tareas relacionadas con el sistema sin revelar la contraseña de root.

Veamos el siguiente ejemplo donde un usuario estudiante está ejecutando el comando usermod a través del acceso sudo. El usuario estudiante puede utilizar este acceso para modificar otra cuenta de usuario y bloquear esa cuenta.

[estudiante@escritorio ~]$ sudo usermod -L
nombreusuario
[sudo] contraseña para el estudiante: studentpassword

Ejecutar comandos a través de sudo también tiene un gran beneficio. Todos los comandos que se ejecutan en un sistema Linux utilizando sudo se registran en un archivo en /var/log/secure.

Gestión de cuentas de usuario

Esta sección le enseñará cómo puede crear, modificar y eliminar cuentas de usuario que existen en un sistema operativo Linux. Puede administrar cuentas de usuario locales en Linux a través de numerosas herramientas en la línea de comandos de Linux. Veámoslas brevemente.

useradd nombre de usuario

Este comando se utiliza para añadir un nuevo usuario al sistema. El nombre de usuario que se pasa junto con el comando se utiliza para crear el nuevo usuario. El usuario se crea con los parámetros por defecto con los valores respectivos en el archivo en /etc/passwd cuando no se utiliza ninguna otra opción con el comando. Tenga en cuenta que este comando no establecerá una contraseña para el nuevo usuario y, el usuario no podrá iniciar sesión en el sistema Linux hasta que se establezca una contraseña.

Puedes escribir el comando *useradd --help* para obtener el manual del comando useradd que te dará una lista de opciones que puedes pasar con este comando. Si pasas manualmente opciones para el comando useradd, éstas anularán las propiedades por defecto del usuario en el archivo /etc/passwd.

Algunos parámetros para un usuario, como el UID y la política de antigüedad de la contraseña, se recogen del archivo en

/etc/login.defs. Este archivo sólo se utiliza cuando se crea un nuevo usuario. La modificación de este usuario no afecta a las propiedades de los usuarios existentes en el sistema.

nombre de usuario usermod

Este es un comando que puede ser usado para cambiar las propiedades de los usuarios existentes en el sistema Linux. Puede escribir el comando *usermod --help* para obtener una lista de todas las opciones que se pueden utilizar con este comando. Veamos estas opciones.

-c, --comentario COMENTARIO	Esta opción se utiliza para añadir un valor como el nombre completo al campo GECOS
-g, --gid GRUPO	El grupo principal del usuario puede especificarse utilizando esta opción
-G, --grupos GRUPOS	Asociar uno o varios grupos suplementarios al usuario
-a, --append	La opción se utiliza con la opción -G para añadir al usuario a todos los grupos suplementarios especificados sin eliminar al usuario de otros grupos

-d, --home DIRECTORIO_HOGAR	La opción permite modificar un nuevo directorio de inicio para el usuario
-m, --move-home	Puede mover la ubicación del directorio personal del usuario a una nueva ubicación utilizando la opción -d
-s, --shell SHELL	El shell de inicio de sesión del usuario se cambia utilizando esta opción
-L, --lock	Bloquear una cuenta de usuario utilizando esta opción
-U, --desbloquear	Desbloquear una cuenta de usuario mediante esta opción

userdel nombre de usuario

Como sugiere el comando, esto borrará la cuenta de usuario y su registro del archivo /etc/passwd; pero este comando no borra el directorio home del usuario. Puede utilizar el comando *userdel -r nombredeusuario* para eliminar el usuario del archivo /etc/passwd y eliminar también su directorio personal.

id

Este comando, como hemos comentado anteriormente, muestra los detalles del usuario que está conectado en ese momento. Si se utiliza otro nombre de usuario junto con el comando id, también se mostrarán los detalles básicos del otro usuario.

nombre de usuario passwd

Este comando se puede utilizar para establecer la contraseña inicial de un usuario creado. También se puede utilizar para modificar la contraseña de un usuario existente.

El usuario root puede modificar la contraseña de cualquier usuario y establecerla con cualquier valor. Si no se cumple el criterio de seguridad de la contraseña, se mostrará una advertencia, pero el usuario root puede simplemente volver a escribir la misma contraseña para establecerla para el usuario de todos modos.

Si un usuario normal intenta establecer una contraseña, tendrá que cumplir los criterios de tener al menos ocho caracteres, no debe coincidir con el nombre de usuario y no debe ser una palabra que se pueda encontrar en un diccionario.

Rangos UID

Son rangos reservados para fines específicos en un sistema operativo Linux.

- El UID 0 siempre se asigna al usuario root.

- El UID 1-200 es asignado estáticamente por los procesos de sistema a sistema.

- Los UID 201-999 se asignan al proceso del sistema que no posee ningún archivo en

- del sistema. Se asignan dinámicamente cada vez que el software instalado solicita un proceso.

- Los UID 1000+ se asignan a los usuarios habituales del sistema.

Gestión de grupos

Al igual que en el caso de los usuarios, también puede crear, modificar o eliminar grupos en el sistema a nivel local.

Recuerde que es importante que exista un grupo antes de poder añadir usuarios a ese grupo. Puedes administrar grupos locales a través de varios grupos en Linux. Vamos a ir a través de estos comandos que se utilizan para los grupos.

groupadd nombredelgrupo

Este comando se utiliza para añadir un nuevo grupo. El nombre del grupo que se pasa con el comando se crea en el sistema y se le asigna un GID. El grupo se define en el archivo /etc/login.defs.

También puede especificar un GID concreto utilizando la siguiente opción **-g GID**

[student@desktop ~]$ sudo groupadd -g 5000 ateam

También puede utilizar la opción **-r** junto con este comando para crear un grupo específico del sistema, y el GID que se le asigne será de un rango de valores del sistema para GID.

[estudiante@escritorio ~]$ sudo groupadd -r profesores

Grupo

Este comando se puede utilizar para modificar las propiedades de un grupo que ya existe en el sistema. Puede utilizar este comando para realizar tareas como cambiar la asignación del nombre del grupo a un GID. Puedes utilizar la opción **-n** con este comando para cambiar el nombre del grupo.

[student@desktop ~]$ sudo groupmod -n profesores lecturers

También puedes pasar la opción **-g** con este comando si quieres cambiar el GID de un grupo existente.

[estudiante@escritorio ~]$ sudo groupmod -g 6000 ateam

groupdel

Este comando se utiliza para eliminar un grupo del sistema Linux.

[estudiante@escritorio ~]$ sudo groupdel ateam

Ten en cuenta que el comando groupdel puede no funcionar en el grupo primario del usuario. Al igual que en el caso de userdel, debes asegurarte de que un usuario no posee ningún archivo después de eliminar un grupo.

Usermod

Este es un comando de usuario pero puede ser usado para modificar el grupo de un usuario. Esto se puede hacer mediante el comando *usermod -g groupname*

[student@desktop ~]$ sudo usermod -g student student

También puede utilizar este comando para añadir un usuario a un grupo complementario a través de *usermod -aG nombregrupo nombreusuario*

[student@desktop ~]$ sudo usermod -aG wheel student

La opción **-a garantiza** que las modificaciones se añadan a las propiedades del usuario. Si no se utiliza la opción -a, el usuario se añadirá al grupo especificado y se eliminará de todos los demás grupos.

Gestión de contraseñas de usuario

Esta sección le mostrará cómo se gestiona la contraseña de un usuario en el sistema Linux. Cubriremos el archivo shadow password usado para las políticas de envejecimiento de contraseñas para un usuario y también puede ser usado para bloquear manualmente una cuenta de usuario. Al principio, los sistemas Linux almacenaban la contraseña encriptada para un usuario en el archivo en el /etc/passwd, el cual era accesible para todos. Fue una ruta segura durante mucho tiempo, hasta que los atacantes empezaron a apuntar a este archivo con ataques de diccionario. Fue entonces cuando los desarrolladores de Linux decidieron trasladar la contraseña a una ubicación más segura en el archivo /etc/shadow. Este nuevo archivo tiene funciones para establecer la caducidad de las contraseñas mediante políticas de envejecimiento de contraseñas.

Hoy en día, la contraseña consta de tres partes. Veamos, por ejemplo, el hash de una contraseña.

1gCLa2/Z$6Pu0EKAzfCjxjv2hoLOB/

1. El **1** en este hash indica el algoritmo hash utilizado. El número 1 se refiere al algoritmo MD5. Si se utilizara un algoritmo SHA-512, verías el número 6 en su lugar.

2. La parte en la que aparece **gCLa2/Z** indica el tipo de sal utilizada para cifrar el hash. Inicialmente, es una sal elegida al azar: la contraseña sin cifrar y la sal en combinación forman el hash cifrado. Usar una sal asegura que incluso si dos o más usuarios terminan teniendo las mismas contraseñas, sus entradas hash no serán las mismas en el archivo /etc/shadow.

3. El **6Pu0EKAzfCjxjv2hoLOB/** es el hash encriptado.

Cuando un usuario inicia sesión en el sistema Linux, el sistema comprueba si las credenciales del usuario existen en el archivo /etc/shadow. El sistema entonces toma la contraseña del usuario y la valida contra el hash de la contraseña almacenada para ese usuario en el archivo /etc/shadow. Si coincide, el usuario inicia sesión. Si no coincide, el usuario recibe un error indicando que la contraseña es incorrecta.

Repasemos el formato del archivo /etc/shadow.

- nombre:
- contraseña:
- último cambio:
- minage:
- maxage:
- advertencia:
- inactivo:
- caducar:
- en blanco:

name: Es el nombre de usuario en el sistema Linux que un usuario introduce para iniciar sesión.

contraseña: en este campo se almacena la contraseña del usuario en formato cifrado. Un signo de exclamación al principio de este campo significaría que la contraseña está bloqueada.

últimocambio: Este campo mantiene la marca de tiempo cuando ocurrió el último cambio para la contraseña del usuario.

mínimo: Este campo define el número mínimo de días antes de que sea necesario cambiar una contraseña. 0 indicaría que no hay edad mínima establecida para la cuenta.

maxage: Este campo define el número máximo de días antes de que sea necesario cambiar una contraseña.

aviso: Este campo muestra el periodo de advertencia cuando un usuario empezaría a ver notificaciones de caducidad de contraseña. De nuevo, si se establece en 0, el usuario no recibirá ninguna advertencia.

inactiva: Este campo muestra el número de días tras la expiración de la contraseña, la cuenta permanecerá inactiva. El usuario aún puede conectarse al sistema durante este periodo para restablecer su contraseña. Si el usuario no lo hace en el número de días definido en este campo, la cuenta de usuario se bloqueará y quedará inactiva.

caducar: Este campo muestra la fecha en la que la cuenta está configurada para caducar.

en blanco: Este campo está en blanco y se reserva para un uso futuro.

Envejecimiento de contraseñas

La política de antigüedad de contraseñas en Linux se aplica para garantizar la seguridad de una cuenta de usuario. Por defecto, la política mantiene un intervalo de 90 días tras el cual un usuario se ve obligado a cambiar su contraseña. La ventaja de esta política es que incluso si alguien consigue acceder a la contraseña de un usuario, se le cortará el acceso una vez que la contraseña alcance los 90 días. Esta política también tiene el inconveniente de que los usuarios pueden tender a anotar su contraseña en algún sitio cuando no paran de cambiarla y no pueden memorizarla.

El envejecimiento de contraseñas puede aplicarse de dos formas en un sistema operativo Linux.

1. Utilizando el comando **chage** en la línea de comandos.

2. A través de la interfaz gráfica en los ajustes de Gestión de Usuarios.

Si tiene privilegios sudo, puede utilizar el comando chage con la opción **-M** para establecer la validez de la contraseña del usuario. Mira el siguiente ejemplo.

[student@desktop ~]$ sudo chage -M 90 alice

En el ejemplo anterior, la validez de la contraseña del usuario alice se establece en 90 días. Después de 90 días, Alice se verá obligada a restablecer su contraseña. Usted puede simplemente desactivar el envejecimiento de la contraseña estableciendo el número de días a 9999, que es igual a 273 años.

Restricción de acceso

Utilizando el comando chage, puede establecer la caducidad de una cuenta de usuario. Una vez alcanzada la caducidad, el usuario no podrá iniciar sesión en el sistema. También puedes utilizar el comando **usermod** con la opción **-L** para bloquear una cuenta de usuario.

> *[estudiante@escritorio ~]$ sudo usermod -L alice*
> *[estudiante@escritorio ~]$ su – alice*
> *Contraseña: alice*
> *su: Fallo de autenticación*

Si un usuario concreto ya no es necesario en un sistema, puedes utilizar el comando usermod para bloquear y expirar la cuenta simultáneamente.

> *[estudiante@escritorio ~]$ sudo usermod -L -e 1 alice*

Un usuario no podrá iniciar sesión en el sistema Linux cuando su cuenta esté bloqueada. Esta práctica es seguida principalmente por las organizaciones para bloquear las cuentas de usuario de los empleados que han dejado la organización. La cuenta puede ser desbloqueada más tarde si es necesario utilizando el comando **usermod -u** *nombredeusuario en el* caso de que el mismo empleado se reincorpore a la organización.

La concha de Nologin

El shell nologin entra en escena cuando se quiere dar acceso de login a un usuario pero no se le quiere dar un shell para interactuar con el sistema. El ejemplo más simple de esto es un sistema de correo que necesita que el usuario tenga un nombre de usuario y una contraseña para revisar su correo, pero el usuario no necesita acceder al sistema operativo Linux completo. A un usuario se le puede dar un shell nologin en el momento de la creación del usuario, o su shell puede ser modificado más tarde. Esto se hace definiendo el shell del usuario como **/sbin/nologin**. Si se hace esto, un usuario no podrá iniciar sesión en el sistema Linux.

[root@desktop ~]# usermod - s /sbin/nologin estudiante

[root@desktop ~]# su - estudiante

Última conexión: mar 5 20:40:34 GMT 2015 en pts/0

La cuenta no está disponible actualmente.

Cuando asignas un shell nologin a un usuario, éste no puede interactuar con el sistema, pero al mismo tiempo, también tiene cierto acceso al sistema. El usuario podrá utilizar aplicaciones web para la transferencia de archivos, etc.

Capítulo 9

Sistema de archivos y permisos de Linux

Este capítulo le enseñará acerca de los permisos del sistema de archivos Linux y cómo puede cambiar los permisos de archivos y directorios utilizando herramientas de línea de comandos. Al final de este capítulo, sabrás cómo funcionan los permisos en el sistema operativo Linux y cómo se pueden aplicar a archivos y directorios para acceder y restringir el acceso.

Permisos del sistema de archivos de Linux

Los permisos de archivos son una característica de Linux a través de la cual se puede controlar el acceso a archivos y directorios. El modelo de sistema de archivos de Linux es muy simple, y tiene una naturaleza flexible tal que un nuevo usuario de Linux puede entenderlo fácilmente para aplicar permisos a archivos y directorios.

Existen tres tipos de usuarios en un sistema Linux. Los permisos se aplican a estos tres usuarios con respecto a un archivo o directorio. Los tres tipos de usuarios son los siguientes.

1. usuario

2. grupo

3. otros

La jerarquía de permisos es tal que un usuario puede anular permisos de grupo, y un grupo puede anular otros permisos.

Hay tres categorías de permisos que se aplican a un archivo o directorio en Linux.

1. leer

2. escriba a

3. ejecutar

Comprendamos el efecto de estos permisos en un archivo y directorio.

Permiso	Efecto sobre los expedientes	Efecto en los directorios
r (leer)	Acceso de lectura al contenido del fichero	Se mostrará el contenido de un directorio con nombres de archivo.
w (escribir)	Acceso de escritura al contenido del archivo	Contenido del directorio donde se pueden crear o eliminar archivos.

x (ejecutar)	El archivo puede ejecutarse como un comando	Contenido del directorio en el que se puede acceder a los archivos, sujeto al permiso del propio archivo.

Por defecto, un usuario tendrá acceso para leer y ejecutar un archivo del sistema Linux si se trata de un archivo ejecutable. Si un usuario sólo tiene acceso de lectura, podrá leer el contenido del archivo pero no podrá ver ninguna otra información, como los permisos establecidos en el archivo o la marca de tiempo del archivo. Si un usuario sólo tiene acceso de "ejecución" a un archivo, no podrá listar el archivo en un directorio, pero podrá ejecutarlo si ya conoce su nombre.

Si el usuario tiene acceso de escritura a un directorio, puede eliminar cualquier archivo del directorio aunque no tenga ningún permiso sobre el propio archivo.

Veamos cómo se pueden conocer los permisos que tiene asignados un fichero en el sistema Linux.

Puede utilizar el comando **ls** con la opción **-l** para listar el contenido de un directorio junto con los detalles de su propiedad y permisos.

[estudiante@escritorio ~]$ ls -l prueba

-rw-rw-r--.   1 student student 0 Feb 5 15:45 test

Si desea conocer los permisos y la propiedad del propio directorio y su contenido, puede utilizar la opción **-d**.

[estudiante@escritorio ~]$ ls -ld /home

drwxr-xr-x.   5 root root 4096 Feb 8 17:45 /home

El permiso de lectura en Linux es equivalente al permiso de Listar el contenido de la carpeta que está presente en Windows.

El permiso de escritura en Linux es equivalente al permiso de modificación en Windows.

La opción Control total en Windows equivale al permiso del usuario root en el sistema de archivos de Linux.

Utilizar la línea de comandos para gestionar los permisos

Esta sección le enseñará cómo gestionar los permisos y la propiedad de un archivo y directorio en Linux utilizando la línea de comandos.

Cambio de permisos de archivos y directorios

Puede utilizar el comando **chmod** en Linux para cambiar los permisos de archivos y directorios. chmod es la abreviatura de modo de cambio porque los permisos también se conocen como el modo de archivo o directorio en Linux. La sintaxis de este comando es bastante simple. El comando es seguido por los permisos que desea establecer en el archivo o directorio, seguido por el nombre del archivo o el nombre del directorio. Hay dos formas de proporcionar estas instrucciones, numérica y simbólicamente.

Veamos primero el método simbólico, cuya sintaxis es la siguiente.

chmod WhoWhatWhich directorio de archivos

- Quién es el usuario u, grupo g, otros o, y a para todos

- Qué es + añadir, - quitar, = fijar exactamente

- Que es r para leer, w para escribir y x para ejecutar

Deberá utilizar la letra para especificar los distintos grupos para los que desea cambiar los permisos. Como se muestra arriba, u significa usuario, g para grupo, o para otros, y para todos.

Cuando se utiliza el método simbólico para establecer permisos, no es necesario especificar un nuevo conjunto de permisos para un archivo o directorio. Basta con modificar los permisos existentes. Esto se puede hacer mediante el uso de los símbolos, +, -, y = para añadir, eliminar o reemplazar los permisos, respectivamente.

Los permisos se definen utilizando tres letras donde r es para lectura, w para escritura y x para ejecución. Si está utilizando el método simbólico para definir permisos para un archivo y utiliza una X mayúscula, el permiso de ejecución se aplicará a un archivo sólo si es un directorio o el archivo ya tiene el permiso de ejecución establecido para el usuario, grupo y otros.

La sintaxis del método numérico es la siguiente.

chmod ###archivos|directorio

- Cada posición de # representa un nivel de acceso: usuario, grupo y otros.

- # es la suma de leer r=4, escribir w=2, ejecutar x=1

El método numérico se puede utilizar para establecer permisos en un archivo utilizando tres dígitos y, a veces, el cuarto dígito para permisos especiales. Cada dígito para los permisos puede ser un número entre 0-7, y muestra la combinación de posibilidades que podemos tener con lectura, escritura y ejecución.

Si entendemos la correspondencia entre valores numéricos y simbólicos, también podremos aprender a realizar las conversiones fácilmente. Cada dígito del método numérico representa los permisos establecidos para un grupo en particular. Empezando de izquierda a derecha, el primer dígito representa los permisos para un usuario, el segundo dígito para un grupo y el tercer dígito para otros. Para cada uno de estos grupos, los permisos de lectura, escritura y ejecución pueden establecerse utilizando una combinación de 4, 2 y 1, respectivamente.

La representación simbólica de los permisos es **-rwxr-x---**

En el ejemplo de **-rwxr-x---** el usuario tiene un permiso de **rwx** que significa lectura, escritura y ejecución. Si tuviéramos que convertir esto a una forma numérica, sería 4, 2 y 1, y la suma de ello es 7.

Pasando a los permisos para el grupo, es **r-x**. Así que el grupo tiene permisos de 'lectura y ejecución' pero no de escritura. Convirtiendo esto a la forma numérica, significaría que el grupo tiene 4 y 1 permisos, y la suma de ello es 5.

Por último, los permisos para los demás se establecen como **---,** lo que significa que los demás no tienen permisos de lectura, escritura o ejecución, y la representación numérica de esto sería 0.

Combinando los permisos de los tres tipos de usuarios para este archivo, los permisos en conjunto para este archivo serían **750**.

También se puede realizar una operación inversa en la que tengamos los permisos numéricos de un fichero y los convirtamos a la forma simbólica.

Considera los permisos **640**.

Sabemos que el dígito del extremo izquierdo corresponde a los permisos de usuario. El número 6 puede ser diseccionado para ser una suma de 4 y 2. Eso significa que el usuario tiene permisos de lectura y escritura y ningún permiso de ejecución que se puede mostrar simbólicamente como **rw-**

Pasando al dígito para el grupo, es 4. Esto significa que el grupo sólo tiene permiso de lectura y ningún permiso de escritura y ejecución. Esto se puede mostrar simbólicamente como **r--**

Finalmente, el dígito para others es 0. Esto significa que others no tiene permisos de lectura, escritura o ejecución. Esto se puede mostrar simbólicamente como **--**

En conjunto, los permisos para este fichero se representarán simbólicamente como **rw-r-----**

Tenga en cuenta que puede utilizar la opción **-R** con el comando chmod si desea aplicar permisos de forma recursiva a los archivos de un árbol de directorios.

Cambiar la propiedad de archivos y directorios

El propietario por defecto de un archivo recién creado en Linux es el usuario que creó el archivo. El propietario de grupo por defecto para ese archivo es también el grupo primario del usuario que creó el archivo. El acceso a archivos y directorios puede controlarse cambiando la propiedad de usuario y grupo para ellos.

Puede utilizar el comando **chown** para cambiar la propiedad de un archivo o directorio en Linux. Veamos un ejemplo.

[root@desktop ~]# chown student newfile

El ejemplo anterior muestra que la propiedad del archivo newfile se cambia a student.

La opción **-R se** puede utilizar con el comando chown para cambiar la propiedad de forma recursiva para todos los archivos de un directorio. Puede utilizar el comando de la siguiente manera.

[root@desktop ~]# chown -R estudiante parentdirectory

También puede utilizar el comando chown para cambiar la propiedad de grupo de un archivo y directorio. El comando va seguido del nombre del grupo precedido de dos puntos :

Eche un vistazo al siguiente ejemplo.

[root@desktop ~]# chown student:admins newfile

Este comando cambiará la propiedad del grupo del archivo a admins.

Tenga en cuenta que sólo un usuario root tiene derecho a cambiar la propiedad de un archivo o directorio; pero si usted es el propietario del archivo o directorio, puede cambiar su propiedad. Un usuario no root puede cambiar la propiedad de un archivo a un grupo del que ya forma parte.

Gestión del acceso a archivos y permisos por defecto

Esta sección trata sobre los permisos especiales en un archivo o directorio en Linux. Esto puede ser un poco abrumador como principiante, pero lo hemos incluido ya que usted ya ha aprendido acerca de los permisos. Crearemos un directorio, y los archivos bajo este directorio tendrán acceso de escritura por defecto sobre ellos para los usuarios del grupo propietario del directorio. Esto se logra a través de permisos especiales conocidos como sticky bits.

Veamos qué son los permisos especiales y cómo puedes aplicarlos. Hay un bit conocido como **setuid** y **setgid** en los permisos. Esto permite que un archivo ejecutable se ejecute como el usuario de ese archivo o el grupo de ese archivo y no como el usuario que ejecutó el comando real.

Un ejemplo es el archivo **passwd**. Si miras los permisos del archivo passwd, se ven así.

[student@desktop ~]$ ls -l /usr/bin/passwd

-rwsr-xr-x.　*1 root 34598 15 jul 2011 /usr/bin/passwd*

Cuando hay un sticky bit configurado en un archivo, restringe que el archivo sea borrado. Sólo el usuario propietario de ese fichero o el usuario root pueden borrar este tipo de ficheros. Un ejemplo de esto es el directorio /tmp.

[student@desktop ~]$ ls -ld /tmp

drwxrwxrwt *39 root root 4096 10 jul 2011 /tmp*

El bit setgid permite que un archivo herede los permisos de su directorio padre en lugar de que el usuario establezca sus permisos.

Veamos cómo afectan los permisos especiales a los archivos y directorios.

Permiso especial	Efecto sobre los expedientes	Efecto en los directorios
u+s suid	El archivo se ejecutará como el usuario propietario del archivo y no como el usuario que ejecutó el comando	Sin efecto
g+s sgid	El archivo se ejecuta como el grupo propietario del archivo	El propietario de grupo del archivo recién creado en el directorio coincidirá con el propietario de grupo del directorio

o+t pegajoso	Sin efecto	Los usuarios que tienen acceso de escritura al directorio sólo pueden borrar archivos de su propiedad. No pueden borrar ni forzar escrituras en ficheros de otros usuarios.

Veamos cómo podemos establecer permisos especiales para archivos y directorios.

- Simbólicamente, setuid es **u+s,** setgid es **g+s,** y sticky es **o+t**

- Numéricamente, los permisos especiales utilizan el cuarto bit que precede al primer dígito de cada usuario. setuid es 4, setgid es 2 y sticky es 1.

Intentemos comprender los permisos por defecto. Un proceso que crea un archivo establece los permisos por defecto para ese archivo. Por ejemplo, si creaste un archivo usando un editor de texto como vim o nano, el archivo tendrá permisos de lectura y escritura para todos por defecto. Sin embargo, no tendrá el permiso de ejecución para todos. Los archivos creados por compiladores son ejecutables binarios por defecto. Esos archivos tendrán permisos de ejecución.

El comando **mkdir se** puede utilizar para crear directorios, y estos directorios tienen permisos de lectura, escritura y ejecución por defecto.

Según la investigación, los permisos no se establecen en un archivo o directamente tan pronto como se crean. Se sabe que la umask del proceso shell borra estos permisos. Puede utilizar el comando umask sin opciones ni argumentos para ver el valor actual de umask del shell.

[estudiante@escritorio ~]$ umask

0002

Cada proceso en el sistema Linux tiene una umask asociada. La umask es básicamente una máscara de bits octal que borra los permisos de los archivos y directorios recién creados por un proceso. Si hay un bit configurado para umask, el permiso correspondiente se borra en un archivo recién creado.

Veamos un ejemplo.

En el ejemplo anterior, el valor de la máscara de bits es 0002. Esto significa que el bit para otros usuarios se establece en 2. Por esto, podemos inferir que el usuario especial, y los permisos de grupo no se borrarán ya que se establecen en 0. Los permisos para los demás se borrarán ya que el bit umask se establece en 2.

Los valores por defecto de umask en el sistema para los usuarios del shell bash se definen en los ficheros /etc/profile y /etc/bashrc.

Capítulo 10

El arranque de Linux

¿Te has preguntado alguna vez qué ocurre exactamente cuando enciendes tu ordenador basado en Windows o Linux? Este capítulo te llevará a través del proceso de arranque del sistema Linux. Esto le dará una profunda comprensión de lo que sucede exactamente desde el momento en que enciende su ordenador Linux hasta el momento en que se le presenta la pantalla de inicio de sesión y, finalmente, el escritorio.

Entender el proceso de arranque de Linux es importante si quieres ser bueno jugando con la configuración de Linux. Este conocimiento también le enseñará a solucionar cualquier problema cuando su ordenador no arranque como se espera. Aprenderá sobre la secuencia de arranque e inicio de Linux y sobre el gestor de arranque GRUB2. También aprenderás sobre ciertos demonios del sistema como la inicialización systemd.

Hay dos partes para inicializar un sistema operativo Linux y dejarlo listo para ser usado por un usuario de arranque y arranque. El proceso de arranque se inicia cuando enciendes el ordenador y concluye cuando el kernel toma el control y se lo pasa a systemd.

Una vez que systemd toma el control, el proceso de arranque se inicia y concluye cuando el sistema Linux se estabiliza y alcanza un estado en el que un usuario puede empezar a usarlo.

Es fácil entender el proceso de arranque e inicio de Linux. Consta de las siguientes etapas.

- POST DE LA BIOS

- Cargador de arranque (GRUB2)

- Inicialización del núcleo

- Inicializar systemd

En este capítulo discutiremos en detalle el proceso de arranque e inicio de Linux utilizando el gestor de arranque GRUB2, ya que se utiliza en la mayoría de las distribuciones de Linux. Unas pocas distribuciones de Linux todavía utilizan software antiguo para el proceso de arranque e inicio, pero no vamos a pasar por ellas.

La secuencia de arranque

La secuencia de arranque puede iniciarse de un par de maneras para Linux. La más sencilla es encender el sistema Linux. Si hay un usuario creado en el sistema o ha iniciado sesión como usuario root, puede iniciar un reinicio del sistema a través de la línea de comandos para activar la secuencia de arranque.

POST DE LA BIOS

El primer paso de la secuencia de arranque en Linux no está relacionado con Linux y sus operaciones. El primer paso se trata de iniciar el hardware en el sistema y es común a todos los sistemas operativos. Cuando pulsas el botón de encendido de tu sistema, se inicia una prueba conocida como Power On Self Test o POST. POST es una parte del Basic Input Output System o BIOS.

La BIOS se introdujo por primera vez en 1981, cuando IBM desarrolló su primer ordenador. POST es un módulo de la BIOS que sirve para comprobar si todo el hardware del sistema funciona correctamente. Si POST falla, indica que hay algo mal en el sistema. El sistema estará en un estado inutilizable, y la BIOS no se iniciará.

La función de POST y BIOS es comprobar si todo el hardware necesario para arrancar el sistema es funcional. También siguen con una interrupción de la BIOS conocida como INT 13H, que es responsable de encontrar dispositivos de arranque como un disco duro e iniciarlo localizando sus sectores de arranque. Cuando la interrupción localiza el primer sector de arranque que contiene un registro de arranque válido, éste se carga en la memoria y el control se transfiere al código presente en el sector de arranque.

Se puede decir que el sector de arranque es la primera etapa del gestor de arranque. Ha habido alrededor de tres gestores de arranque que se han utilizado en todas las distribuciones de Linux a lo largo de los años, LILO, GRUB y GRUB2. El último y más popular gestor de arranque es GRUB2, y todas las últimas distribuciones de Linux utilizan ahora GRUB2.

GRUB2

GRUB2 son las siglas de GRand Unified Bootloader versión 2. GRUB2 es un módulo que localiza el núcleo del sistema operativo y lo carga en la memoria del sistema.

Linux nunca ha declarado oficialmente ninguna etapa para GRUB2, pero nos gustaría decirle que GRUB2 funciona en 3 etapas. Vamos a repasarlas.

Fase 1

Como ya se mencionó en la sección POST y BIOS, cuando el proceso POST es exitoso, el control es tomado por BIOS, y BIOS comienza a buscar cualquier dispositivo booteable. Entonces localiza el Master Boot Record (MBR) en el dispositivo de arranque y lo carga en la memoria del sistema desde donde se ejecutan los registros de arranque. El código de arranque para la etapa 1 de GRUB2 es muy pequeño porque el requisito es que quepa en el primer sector de 512 bytes del dispositivo de arranque junto con los metadatos de la tabla de particiones. Debido a esto, el espacio asignado al código bootstrap es de sólo 446 bytes. Este archivo de 446 bytes se conoce como boot.img, que no contiene la tabla de particiones.

El registro de arranque, debido a su pequeño tamaño, no mantiene ninguna información sobre el sistema de archivos. El principal objetivo de la etapa 1 del gestor de arranque GRUB2 es localizar la siguiente etapa. Entre el registro de arranque y la primera partición del dispositivo de arranque se encuentra la etapa 1.5 del gestor de arranque GRUB2. La etapa 1 carga la etapa 1.5 en memoria, y el control se pasa a la etapa 1.5.

Etapa 1.5

La etapa 1.5 siempre estará entre el registro de arranque y la primera partición del dispositivo de arranque. Este espacio no se asignó a nada durante muchos años por cuestiones técnicas. La primera partición de un disco duro empieza en el sector 63. El registro de arranque maestro empieza en el sector 0. El registro de arranque maestro comienza en el sector 0. Esto significa que entre el registro de arranque maestro y la primera partición de la unidad de disco duro, hay 62 sectores, o sectores de 512 bytes, o 31.744 bytes. Este es el espacio donde se puede almacenar el fichero core.img que contiene la etapa 1.5 de GRUB2. El tamaño del fichero core.img es de 25.389 bytes. Esto significa que puede colocarse cómodamente después del registro de arranque maestro y antes de la primera partición.

Dado que hay espacio suficiente para almacenar el código de GRUB2 etapa 1.5, que no necesita mucho espacio, el espacio adicional se utiliza para contener controladores de sistemas de archivos como FAT, EXT y NTFS. Esto significa que un sistema de ficheros EXT estándar es suficiente para almacenar el código para GRUB2 stage 2. La ubicación para el código de GRUB2 etapa 2 está en /boot/grub2.

Fase 2

Todos los ficheros necesarios para ejecutar la etapa 2 de GRUB2 se encuentran en /boot/grub2 y sus subdirectorios. La etapa 2 de GRUB2 no tiene ningún fichero de imagen como ocurría en las etapas 1 y 1.5. En su lugar, carga módulos de ejecución cuando es necesario desde el directorio /boot/grub2/i386-pc.

El objetivo principal de la etapa 2 de GRUB2 es encontrar el kernel de Linux y cargarlo en memoria para poder pasar el control al kernel. Los archivos del kernel de Linux se almacenan en el directorio /boot. Uno puede identificar fácilmente los archivos del kernel Linux ya que todos tienen el prefijo **vmlinuz**. Puedes listar todos los archivos del kernel de tu sistema Linux simplemente listando el contenido del directorio /boot.

Así, cuando el sistema arranca, aparece una pantalla en la que se enumeran todos los núcleos disponibles en el sistema Linux, y se puede seleccionar uno de ellos para pasar el control al núcleo correspondiente.

Núcleo

Todos los kernels disponibles hoy en día se almacenan en un formato comprimido para optimizar el espacio, pero pueden autoextraerse. Sabemos que el kernel de Linux puede localizarse en el directorio /boot. Cuando seleccionas un kernel concreto en el menú de arranque, se ejecuta y comienza a autoextraerse para que el sistema pueda utilizar los archivos. Cuando el kernel se ejecuta, hace una llamada a **systemd** y finalmente pasa el control a systemd.

Este es el final del proceso de arranque de Linux. En este momento, tanto el gestor de arranque como systemd están en estado de ejecución, pero no son útiles para el usuario final, ya que nada más se está ejecutando todavía.

La secuencia de arranque

La secuencia de arranque de Linux se inicia una vez concluida la secuencia de arranque. La secuencia de arranque es responsable de llevar el sistema operativo Linux a un estado utilizable para un usuario final, de modo que pueda iniciar sesión y comenzar a utilizar el sistema para sus tareas.

Systemd

Systemd se llama la madre de todos los procesos en el sistema operativo Linux. Es responsable de iniciar el sistema operativo Linux y llevarlo a un estado utilizable. Antes de que se desarrollara el servicio systemd, el servicio **init** realizaba la misma tarea, pero systemd tiene muchas más funciones en comparación con init, como iniciar y gestionar el servicio del sistema, montar sistemas de archivos, etc.

La primera tarea de systemd es montar todos los sistemas de archivos que están definidos en el archivo de configuración ubicado en /etc/fstab. systemd también tiene acceso a todos los demás archivos de configuración almacenados en /etc. systemd pone el sistema en un estado u objetivo definido en el archivo almacenado en /etc/systemd/system/default.target. Si se trata de un escritorio, el objetivo por defecto suele ser **graphical.target**. Si se trata de un servidor Linux, el objetivo por defecto suele ser el **multiusuario.target**.

Los objetivos y servicios son unidades del servicio systemd. El archivo de configuración de un objetivo define las dependencias de ese objetivo en particular. Estas dependencias son iniciadas por systemd. Las dependencias se refieren a los servicios necesarios para ejecutar el sistema operativo Linux basado en el objetivo inicializado. Cuando systemd carga todas las dependencias del objetivo, se puede decir que el sistema está inicializado y funcionando o que el sistema está funcionando en ese nivel de objetivo en particular.

La secuencia de arranque tiene dos puntos de control, **sysinit.target** y **basic.target**. Es un hecho que systemd inicia servicios simultáneamente, pero algunos servicios necesitan ser iniciados antes que otros servicios. Un punto de control se pasa sólo cuando todos los servicios y objetivos para ese punto de control en particular se han iniciado con éxito.

El punto de control sysinit.target se alcanza sólo después de que todos sus servicios y objetivos han sido iniciados. sysinit.target tiene múltiples dependencias, y estas se inician de forma paralela dentro de sysinit.target.

El sysinit.target inicia primero todos los servicios de bajo nivel que son necesarios para alcanzar el basic.target. A continuación, el objetivo.básico inicia algunos servicios adicionales para alcanzar el siguiente objetivo.

Una vez que estos dos puntos de control se han alcanzado con éxito, el sistema puede pasar al objetivo.**gráfico** o al **objetivo.multiusuario**. Pero tenga en cuenta que el sistema Linux puede alcanzar el objetivo multiusuario incluso antes de que se hayan iniciado las dependencias del objetivo gráfico.

Verá un mensaje de inicio de sesión basado en texto si el objetivo predeterminado es multiusuario.target. Este objetivo es comúnmente usado por servidores Linux que tienen Linux instalado en ellos sin ninguna interfaz gráfica. Si ha instalado Linux en un escritorio personal y ha incluido el escritorio GNOME junto con la instalación, el objetivo por defecto será graphical.target. En tal caso, se le presentará una interfaz gráfica para acceder al escritorio Linux.

Aquí concluye la secuencia de inicio. Puede simplemente introducir su nombre de usuario y contraseña en la pantalla de inicio de sesión basada en texto o en la pantalla de inicio de sesión de la interfaz gráfica para empezar a utilizar su sistema Linux.

Cada sistema operativo Linux moderno funciona con GRUB2 y systemd como sus componentes principales. Ambos componentes trabajan juntos para cargar el kernel de Linux, iniciar los servicios y hacer que el sistema Linux sea utilizable para cualquier usuario final.

Capítulo 11

Introducción al Shell Scripting

E l lenguaje de programación de código abierto desarrollado para Linux se conoce como Shell Scripting. En pocas palabras, el shell scripting es una serie de comandos individuales de Linux reunidos para ser ejecutados automáticamente. Un script de shell puede tener una sola línea de código o múltiples líneas de código que se almacenan en un único archivo de forma que el usuario no tenga que escribirlas manualmente cada vez que necesite realizar una tarea específica.

En este capítulo te introduciremos a los conceptos básicos del shell scripting, y también discutiremos brevemente algunos conceptos avanzados del shell scripting. Este capítulo le servirá como plataforma de lanzamiento al mundo de los scripts de shell.

Escribir un script de Shell

Puedes utilizar un editor de texto para escribir un script de shell. Linux tiene un conjunto de editores de texto incorporados como nano, vi y vim. Puedes utilizar cualquiera de ellos para empezar a escribir un script de shell. Una cosa que necesitas asegurarte es que los archivos que crees para tu shell script sean ejecutables. Puedes hacer que cualquier archivo sea ejecutable ejecutando el siguiente comando en el nombre del archivo.

$ chmod a+x nombrearchivo.sh

A continuación, sólo tiene que almacenar el archivo en una ubicación de fácil acceso para el sistema operativo Linux.

A continuación se describen los pasos necesarios para crear un script de shell.

1. Cree un nuevo archivo utilizando el editor de texto de su elección. Guarde el archivo de script con una extensión .sh.

2. ¡La primera línea de su archivo de script debe ser siempre #! **/bin/sh**

3. Escribe algunos comandos de Linux.

4. Guarde el archivo como filename.sh

5. Utilice el siguiente comando en el shell de Linux para ejecutar su script.

bash nombrearchivo.sh

#! se conoce como operador shebang. Indica al script la ubicación del intérprete del sistema Linux. ¡Cuando escribes la primera línea de tu script de shell como #! /bin/sh el sistema operativo Linux sabe que el intérprete para ejecutar el script se encuentra en /bin/sh

Creemos un sencillo script de shell.

```
#!/bin/sh
ls
```

Guarde este script como list.sh

Puede ejecutar este script utilizando el siguiente comando en el shell.

```
[estudiante@escritorio ~]$ bash list.sh
```

```
Documentos Películas Libros Fotos
```

El resultado de este script es la función **ls** que lista el contenido de un directorio.

Comentarios sobre el guión

Los comentarios se utilizan en todos los lenguajes de programación, y los scripts de shell no son una excepción. Puede utilizar la siguiente sintaxis para añadir comentarios a su script de shell.

```
#esto es un comentario
```

Si tomamos como ejemplo el script anterior, puedes añadirle un comentario de la siguiente manera.

```
#!/bin/sh
#este es mi primer script
ls
```

También puedes añadir comentarios como líneas múltiples a tu script de shell. Para ello, coloque los comentarios entre :' y. '.

Considere el siguiente ejemplo.

#!/bin/bash

: '

Este script calcula

el cuadrado de 5.

'((área=5*5))

echo $área

Así que la cadena entre :' y ' que es este script calcula el cuadrado de 5 se comenta fuera de la secuencia de comandos.

Variables Shell

Las variables en cualquier lenguaje de programación se utilizan para almacenar datos en forma de caracteres y números. Los scripts de shell también admiten variables que almacenan datos a los que puede acceder el shell de Linux.

Por ejemplo, el sencillo ejemplo siguiente muestra una variable que almacena algunos datos y luego los imprime.

variable ="Hola"

echo $variable

Veamos otro ejemplo de script de shell que utiliza variables.

```
#!/bin/sh

echo "¿cuál es tu nombre?"

leer nombre

echo "¿Cómo está, $nombre?"

leer comentario

echo "¡Yo también soy $remark!"
```

¿Cómo funciona este script?

Cuando ejecutes este script, el sistema imprimirá la pregunta "¿cuál es tu nombre?".

A continuación, verá que el sistema espera que introduzca datos. Si escribe Mark, la cadena Mark se almacena en el **nombre de la variable**. En la siguiente línea de código, el script utiliza el nombre proporcionado para formular la siguiente pregunta, "¿Cómo se hace Mark?", en la que el **nombre de la variable se** sustituye por la cadena introducida anteriormente. El sistema espera de nuevo la respuesta a esta pregunta. Cuando la escribes, se almacena de nuevo en otra variable llamada **remark**. Así, si tu respuesta es "bien", el script sustituirá la variable **remark** por tu cadena en la siguiente línea de código e imprimirá la salida como "¡Yo también estoy bien!".

Más ejemplos de Shell Scripting

Hola Mundo

El primer programa que todo el mundo escribe para aprender un nuevo lenguaje de programación suele ser "Hola Mundo". Es un programa sencillo que imprimirá la salida como "Hola Mundo". Utiliza un editor de texto como nano o vim y crea un archivo llamado helloworld.sh y escribe las siguientes líneas de código en él.

#!/bin/bash

echo "Hola Mundo"

Guarde el archivo y cambie el permiso del archivo para que sea ejecutable.

$ chmod a+x hola-mundo.sh

Ahora ejecute uno de los siguientes comandos para ejecutar su script.

$ bash hola-mundo.sh

O

$ ./hello-mundo.sh

Esto imprimirá la cadena que has pasado con el comando echo, que en este caso es "Hola Mundo".

Comando Eco

Puedes utilizar el comando echo para imprimir salidas en el shell bash. Si alguna vez has leído sobre programación en C, es equivalente a la función del comando **printf** en programación en C.

Crea un nuevo script de shell con el nombre echo.sh y escribe las siguientes líneas de código en él.

#!/bin/bash

echo "Imprimiendo texto"

echo -n "Imprimiendo texto sin nueva línea"

echo -e "Eliminando caracteres especiales"

Dé permisos de ejecutable al script y ejecútelo para ver la salida. La opción **-e** que se pasa con el comando echo indica al comando que la cadena que se está pasando contiene caracteres especiales y necesita una ejecución especial.

El bucle While

Si quieres ejecutar un comando varias veces en tu script, puedes escribirlo varias veces o colocarlo dentro de un bucle while.

Crea un nuevo script llamado while.sh y coloca en él las siguientes líneas de código.

#!/bin/bash

i=0

while [$i -le 2]

do

echo Número: $i

((i++))

hecho

El flujo del bucle while anterior es el siguiente.

mientras [condición]

do

mandos 1

comandos n

hecho

Ejecute ahora el script para ver cómo funciona exactamente.

El bucle For

El bucle For es similar al bucle while y le permite ejecutar una línea de código o múltiples líneas de código en una iteración. Veamos un ejemplo.

#!/bin/bash

for ((contador=1; contador<=10; contador++))

do

echo -n "$contador "

hecho

printf "\n"

Guarda este script como for.sh y ejecútalo para ver qué ocurre. Imprimirá números del 1 al 10 en la pantalla. Siéntete libre de hacer cambios en el script para intentar imprimir otro conjunto de números.

La sentencia If

Las sentencias If son sentencias que ocurren comúnmente en el script shell de Linux. Se utilizan para crear condiciones y tienen el siguiente flujo.

si CONDICIÓN

entonces

DECLARACIONES

fi

Si la condición dada es verdadera, la sentencia se ejecuta. La palabra clave **fi** marca el final de una sentencia If. Veamos un ejemplo.

#!/bin/bash

```
echo -n "Introduzca un número: "

leer num

si [[ $num -gt 10 ]]

entonces

echo "El número es mayor que 10".

fi
```

Este código pedirá al usuario que introduzca un número. Ahora la condición If dice que si el número es mayor que 11, entonces ejecuta la siguiente línea de código. Si el número es menor que 10, el programa no imprimirá ninguna salida.

-gt significa mayor que, **-le significa** menor que, y **-le** y **-ge significan** menor que igual a y mayor que igual a respectivamente.

La sentencia If-Else

Puede añadir más control a su sentencia If añadiéndole Else. La lógica es simple. Cuando la sentencia If es verdadera, se ejecutan las instrucciones bajo ella; si no, se ejecutan las instrucciones bajo la sentencia Else.

Veamos un ejemplo.

```
#!/bin/bash

leer n
```

si [$n -lt 10];

entonces

echo "Es un número de un dígito"

si no

echo "Es un número de dos cifras"

fi

Este es un código similar al anterior donde si el número proporcionado en la entrada es menor de 10, el programa imprimirá "Es un número de un dígito", de lo contrario imprimirá "Es un número de dos dígitos"

El operador AND

Si desea añadir varias condiciones que deben cumplirse antes de que se ejecute la siguiente línea de código, puede utilizar el operador AND. Todas las condiciones separadas por un operador AND deben cumplirse. Si no es así, el código después del operador AND no se ejecutará. Veamos un script de ejemplo para entender cómo funciona.

#!/bin/bash

echo -n "Introduzca el número:"

leer num

if [[($num -lt 10) && ($num%2 -eq 0)]]; then

echo "Número par"

si no

echo "Número impar"

fi

El operador AND se representa mediante el signo **&&.**

Ahora, según este script, si el número introducido por un usuario es menor que 10 y si el resto es 0 al dividirlo por 2, el programa imprimirá "Número par". Si no, imprimirá "Número impar".

El operador OR

Si desea añadir varias condiciones y necesita que sólo se cumpla una de ellas antes de que se ejecute la siguiente línea de código, puede utilizar el operador OR. Cualquiera de las condiciones separadas por un operador OR debe cumplirse. Si no es así, el código después del operador OR no se ejecutará. Veamos un script de ejemplo para entender cómo funciona.

#!/bin/bash

echo -n "Introduzca cualquier número:"

leer n

if [[($n -eq 15 || $n -eq 45)]]

entonces

echo "Has ganado"

si no

echo "¡Has perdido!"

fi

El signo || representa el operador OR.

Según el script anterior, si la entrada del usuario es igual a 15 O si es igual a 45, el programa imprimirá "Has ganado". En caso contrario, imprimirá "¡Has perdido!".

La declaración de Elif

La sentencia elif es una extensión de la sentencia if-else. Veamos cómo puedes añadir más condiciones a tu script utilizando la sentencia elif.

#!/bin/bash

echo -n "Introduzca un número: "

leer num

si [[$num -gt 10]]

entonces

echo "El número es mayor que 10".

elif [[$num -eq 10]]

entonces

echo "El número es igual a 10".

si no

echo "El número es menor que 10".

fi

El script anterior se explica por sí mismo. También puede cambiar algunas partes para probar cosas nuevas.

La estructura del interruptor

Otra poderosa herramienta disponible en los scripts bash de Linux es la construcción switch. Si desea crear condiciones anidadas, la construcción switch es muy conveniente. Es una alternativa más fácil a los anidados if-else-elif. Eche un vistazo al siguiente ejemplo.

#!/bin/bash

echo -n "Introduzca un número: "

leer num

case $num in

100)

echo "¡¡¡Cien!!!" ;;

200)

echo "¡¡¡Doble Cien!!!" ;;

*)

echo "Ni 100 ni 200";;

esac

Las condiciones de un conmutador se colocan entre las palabras clave case y esac. A continuación, la condición se coloca antes del símbolo).

Concatenación

La concatenación es una función del término más amplio que se conoce como procesamiento de cadenas. El procesamiento de cadenas consiste en jugar con las cadenas para obtener el resultado deseado. La concatenación es una función de procesamiento de cadenas que une dos o más cadenas. Veamos un ejemplo.

#!/bin/bash

cadena1="Ubuntu"

cadena2="Linux"

cadena=$cadena1$cadena2

echo "$string es un gran sistema operativo para principiantes de Linux".

La salida del script anterior será "UbuntuLinux es un gran sistema operativo para principiantes de Linux "

Suma de dos números

Los scripts de Linux son muy sencillos para realizar operaciones aritméticas. El script que se muestra a continuación toma dos números como entradas del usuario, los suma e imprime la suma.

```
#!/bin/bash

echo -n "Introduzca el primer número:"

leer x

echo -n "Introduzca el segundo número:"

leer y

(( suma=x+y ))

echo "El resultado de la suma=$sum"
```

Sumar números es muy sencillo utilizando un script bash.

Añadir varios números

Sumar varios números puede ser un poco complicado, y tendrás que utilizar bucles. Veamos un ejemplo.

```
#!/bin/bash

suma=0
```

```
for (( contador=1; contador<5; contador++ ))

do

echo -n "Introduzca su número:"

leer n

(( suma+=n ))

#echo -n "$contador "

hecho

printf "\n"

echo "El resultado es: $suma"
```

Ejecute este script y compruebe cuántos números le permite sumar antes de imprimir la suma.

Los scripts de shell de Linux se pueden utilizar para cualquier tarea que desee realizar en el sistema operativo Linux. Tiene un potencial ilimitado, y literalmente no hay límite a lo que puedes lograr con él. Te animamos a practicar cada script bash que hemos proporcionado en este capítulo e incluso hacer tus propios cambios para ver cómo cambia la salida.

Conclusión

Los sistemas operativos Linux y sus distribuciones son muy seguros y, por tanto, los preferidos por particulares y empresas de todo el mundo en la actualidad. En cuanto a los usuarios particulares, Linux cuenta con distribuciones como Ubuntu que ayudan a un usuario a pasar sin problemas de cualquier otro sistema operativo a Linux. Linux ha demostrado ser muy beneficioso para los estudiantes, ya que su instalación es gratuita y es de código abierto por naturaleza.

Con una inversión monetaria mínima, un usuario puede tener un sistema operativo funcional y utilizarlo para todas sus tareas cotidianas. Las distintas distribuciones de Linux se adaptan a las necesidades de casi todos los usuarios del mundo. En lo que respecta a empresas y negocios, los datos de los usuarios son la entidad más importante, y las pérdidas de datos pueden afectar a gran escala a la imagen de marca de una empresa.

A lo largo de los años, Linux ha demostrado ser un sistema operativo seguro y estable para que las empresas ejecuten sus aplicaciones y almacenen los datos críticos de sus clientes. Los parches de seguridad para los sistemas operativos Linux también se lanzan más rápido que cualquier otro sistema operativo actual. Esto ha hecho de Linux el sistema operativo ideal para cualquier negocio que tenga la seguridad como su principal preocupación. También hemos pasado por múltiples capítulos en este libro que nos muestran cómo muchas de las características ofrecidas por Linux son incomparables en comparación con otros sistemas operativos.

Hemos hablado de la distribución Ubuntu de Linux en este libro, y esperamos que esta distribución te haya entusiasmado en tu viaje por el mundo de Linux. Ubuntu es sólo el principio de Linux para ti, y hay mucho más que explorar en el dominio de la informática eligiendo Linux como tu sistema operativo preferido. Una vez que te sientas cómodo como usuario de escritorio de Linux, te animamos a explorar otras distribuciones de Linux como Kali Linux, Red Hat Enterprise Linux, etc.

Red Hat Enterprise Linux le ayudaría a entrar en un perfil conocido como administración de sistemas Linux. Las empresas que utilizan Linux para su servidor siempre necesitan a alguien para administrar el servidor de tal manera que los servidores están siempre en funcionamiento para asegurar que su negocio está siempre funcionando en Internet.

Kali Linux es utilizado por empresas que tienen equipos de pruebas de penetración para probar sus servidores en busca de cualquier vulnerabilidad de seguridad. Así que esta distribución entra en escena con respecto a la ciberseguridad.

Aparte de estas dos distribuciones, hay muchos otros sabores de Linux esperándote, y el potencial para usar Linux es ilimitado.

Referencias

10 cosas que hacer después de instalar Ubuntu 20.04 LTS. (2020, 23 de abril). ¡OMG! Ubuntu! https://www.omgubuntu.co.uk/2020/04/things-to-do-after-installing-ubuntu

Una introducción a los procesos de arranque e inicio de Linux. (sin fecha). Opensource.com. https://opensource.com/article/17/2/linux-boot-and-startup

Chawla, V. (2020, 8 de octubre). Windows Vs macOS Vs Linux: Best OS For Cybersecurity. Analytics India Magazine. https://analyticsindiamag.com/windows-vs-macos-vs-linux-for-cybersecurity/

Cómo instalar Ubuntu 20.04 LTS {con capturas de pantalla}. (2020, 25 de mayo). Base de conocimientos de PhoenixNAP. https://phoenixnap.com/kb/install-ubuntu-20-04

Kiarie, J. (s.f.). 10 distribuciones de Linux y sus usuarios objetivo. Www.tecmint.com. https://www.tecmint.com/linux-distro-for-power-users/

170

Historia de Linux - javatpoint. (sin fecha). Www.javatpoint.com. https://www.javatpoint.com/linux-history

Prakash, A. (s.f.). 16 Things to do After Installing Ubuntu 20.04 - It's FOSS. Https://Itsfoss.com/. https://itsfoss.com/things-to-do-after-installing-ubuntu-20-04/

Tutorial de Shell Scripting para principiantes de Linux/Unix. (2019, 21 de noviembre). Guru99.com. https://www.guru99.com/introduction-to-shell-scripting.html

¿Qué es Linux? - Linux.com. (2018). Linux.com. https://www.linux.com/what-is-linux/

¿Qué hay de nuevo en Ubuntu Desktop 20.04 LTS? (sin fecha). Ubuntu. https://ubuntu.com/blog/whats-new-in-ubuntu-desktop-20-04-lts

www.ingramcontent.com/pod-product-compliance
Lightning Source LLC
Chambersburg PA
CBHW071413210326
41597CB00020B/3479